# 第1章

## 60分類で個性がわかる！

# こどもキャラナビ

なんと60種類にも細分化された動物キャラが、子どもの個性をピタリと分析。個性を伸ばす、21世紀型子育てヒント満載の、こどもキャラナビです。

# こどもキャラナビ

## 1章 60分類で個性がわかる！こどもキャラナビ

P4 おおかみグループ

ネアカの狼　放浪の狼　クリエイティブな狼
穏やかな狼　順応性のある狼　好感のもたれる狼

P14 こじかグループ

正直なこじか　強い意志をもったこじか
しっかり者のこじか　華やかなこじか

P22 さるグループ

落ち着きのない猿　大きな志をもった猿　どっしりとした猿
気分屋の猿　尽くす猿　守りの猿

P32 チータグループ

長距離ランナーのチータ　全力疾走するチータ
足腰の強いチータ　品格のあるチータ

P40 くろひょうグループ

面倒見のいい黒ひょう　情熱的な黒ひょう　落ち込みの激しい黒ひょう
感情豊かな黒ひょう　気どらない黒ひょう　束縛を嫌う黒ひょう

P50 ライオングループ

我が道を行くライオン　統率力のあるライオン
感情的なライオン　傷つきやすいライオン

P58 とらグループ

愛情あふれる虎　動きまわる虎　ゆったりとした悠然の虎
楽天的な虎　パワフルな虎　慈悲深い虎

P68 たぬきグループ

社交家のたぬき　磨き上げられたたぬき
大器晩成のたぬき　人間味あふれるたぬき

P76 コアラグループ

フットワークの軽い子守熊　母性豊かな子守熊　コアラのなかの子守熊
活動的な子守熊　夢とロマンの子守熊　サービス精神旺盛な子守熊

P86 ゾウグループ

人気者のゾウ　デリケートなゾウ
リーダーとなるゾウ　まっしぐらに突き進むゾウ

わたしは〈クリエイティブな狼〉だから、ココね

ぼくのキャラはどれかな〜？

# CONTENTS

P 94　ひつじグループ
協調性のないひつじ　物静かなひつじ　無邪気なひつじ
粘り強いひつじ　チャレンジ精神の旺盛なひつじ　頼られると嬉しいひつじ

P104　ペガサスグループ
落ち着きのあるペガサス　強靱な翼をもつペガサス
波乱に満ちたペガサス　優雅なペガサス

2章　もっと知りたい！ ウチの子キャラナビ

P114　ウチの子は　**目標指向？　状況対応？**
P116　ウチの子は　**未来展望？　過去回想？**
P118　ウチの子は　**ヒラメキ派？　論理派？**
P120　ウチの子の　**運気リズム**
P122　ウチの子の　**友だちとの相性**

3章　パパもママも知りた〜い！ おとなキャラナビ

P130　おとなキャラナビ
P136　月・地球・太陽 〜家族でじゃんけんぽん！〜
P138　親子の相性

おっ、パパはゾウか。なるほど〜

4章　パーソナルデータ記入式！ キャラナビノート

P146　みんなキャラナビ！
P148　ウチの子・ネットワークノート
P150　キャラナビコード早見表
P154　キャラナビ60キャラ一覧
P158　おわりに

ここでウチの子のキャラを調べるのね。ノートっていうのも便利そう

P112　コラム①　育てる？　素立てる？
P128　コラム②　母音・子音・父音？
P144　コラム③　キャラナビネットワークのススメ
P156　おはなし　杉の木の両親と松のこども

# おおかみ group グループ

## 臨機応変な対応は苦手

## 人まねをしたくない

## 初対面ではとっつきにくい

## すぐメモをとる

### Happy 子育てポイント

**1 干渉しすぎないで！**
ひとりの時間と空間が大事な子なので放っておくくらいが○。個室も有効。

**2 みんなと一緒を期待しないで！**
自分らしさを大切にしたい子に、人との比較はタブー。個性を尊重して。

**3 予定を変更しないで！**
計画を立てて行動したいので、行き当たりばったりの変更はストレスです。

➡P114 行動パターン 目標指向型
➡P116 心理ベクトル 未来展望型
➡P118 思考パターン 右脳型
➡P136 3分類 地球

**男の子** ♂ 独特の感性が未来を切り開くクールな子

**女の子** ♀ 周囲に無関心なあどけない個人主義

# ペースを乱されるのをきらう

# 歩くのが苦にならない

# ひとりだけの時間と空間が好き

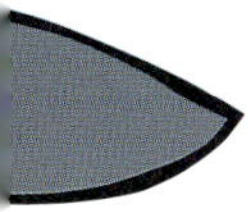

# 言葉たらずなところがある

周囲に合わせて行動するのが苦手。ひとりだけの時間と空間が好きなので単独で行動します。世間体や人の評価にこだわらず、じっくりと時間をかけて自分独自の価値観を形成し、夢を描くのが狼の子どもです。むしろ他人にはあまり興味がないのかもしれませんね。ものごとの順序を大切にし、はっきりと筋の通った考え方をする個性的なタイプなので、多少融通がきかない面もあります。行動はスローですが、一度自分で決めたことは長い時間をかけても実行する、計画性と忍耐力を持ち合わせています。

# おおかみ group グループ

## 行動パターン

### マイペース

自分なりに計画を立て、最善の方法をいつも考えます。ただ、人と比較されたり、人に言われたからやるというタイプではないので、自分本位に見えてしまうことも。独自の価値観の持ち主なので、協調性を強制するのは×。

自分のペースをとても大事にするので、ペースを乱されることを極端に嫌います。「○日までに」という期日管理もできますから、心配しなくても大丈夫。温かく見守りましょう。また、臨機応変な対応は苦手なので、突然の予定変更にはストレスを感じます。

## ケンカ

### 一方的に相手を責めがち

まわりが何をしようと基本的にはあまり気にとめない狼ですが、自分のペースを乱されたときはストレスがたまって機嫌が悪くなってしまいます。また、一生懸命に物事に取り組むタイプなだけに、いいかげんなお友だちを強く批判することもあります。

言い出したら聞かないガンコな面があるため、一度腹を立てると自分の考えばかりを主張して相手の非を責めがち。もう少し相手の気持ちを考えることを教えてあげたいですね。

## 好きなコト・得意なコト

- **納得がいくまでとことん深く掘り下げて考える**
- **最後まで諦めずに、自分のペースでじっくり取り組む**
- **自分なりにひとひねりして、ほかの子と違ったものをつくり出す**
- **ムダを省き、効率よくできるようなしくみを考える**
- **手先が器用で敏感な感性があり、専門的な技術を磨ける**
- **正義感を持って自分を主張できる闘争心がある**
- **つねにNo.1をめざしているので、リーダーの素質がある**

可能性をたくさん秘めている子ですが、期待が先走りしすぎないように。器用貧乏にならないよう、本当にやりたいことを親子でじっくり考えられるといいですね。

## 克服したいこと

# 素直にあやまる

狼が一番苦手なのは、自分の非を素直に認めてあやまることです。「ごめんなさい」が言えなくては友だち関係もうまくいきません。人との関わりの大切さを教えながら、素直にあやまれる気持ちを育ててあげてください。

また、みんなと一緒に行動することも苦手です。子どものうちから、自分ひとりの時間と空間をとても大事にするのでひとり遊びが多くなりますが、友だちの大切さや素晴らしさを教えてあげたいですね。ただし、強制するのは逆効果となりますからご注意を。

## NGワード

### 「どうしてみんなと一緒にできないの？」

狼の子どもは、ひとり遊びが大好き。みんなと一緒に行動することを強制してはいけません。

### 「この色使いはなに？他の色も使いなさい」

狼の子どもは、人まねがイヤ。色使いも、独特の感性から他人の使わない色を好んで使います。色使いは最も強制してはいけません。

### 「もっと笑顔で挨拶しなさい」

狼は、理由もなく笑うことはできません。もともとクールな子どもですから、笑顔や愛嬌を強制してはいけません。

## やる気を引き出す、魔法のコトバ

# 「やるならNo.1をめざそうよ！」

狼の子どもは自分が興味を持ったことは、時間がかかっても最後まで必ずやりとげます。自分なりのアイデアが浮かぶとガゼンやる気を起こすので、途中で口をはさみすぎたりせず、穏やかに見守ってあげましょう。勝負ごとが好きでもありますから、「やるならナンバーワンに」などという励ましが心に響くでしょう。

# 13 ネアカの狼

➡P120
サンシャイン
太陽

### ネアカの狼の有名人

鬼束ちひろ
杉本哲太
ダイアン・レイン
二宮和也
速水もこみち
渡辺謙

**最高の相性！**
**ホワイトエンジェル**

38 華やかなこじか P21

**要注意人物！**
**ブラックデビル**

8 磨き上げられたたぬき P73

## まっすぐな性格で信頼を得る

他人からあれこれと指図されるのが大嫌いな子どもです。個性的でこだわりが強く発想もユニークなので、友だち付き合いはやや苦手かもしれません。自分の好きなことには驚くほどの集中力をみせて取り組みますので、得意分野を極めさせることで成功者となるでしょう。友だちと群れることを嫌い、自分ひとりの時間を大事にするので生意気な印象を与えますが、本当は明るくまっすぐな性格なので心配はいりません。

## 10年間の運気グラフ

●詳しい説明は120ページ！

開墾期

**2005年** 学習

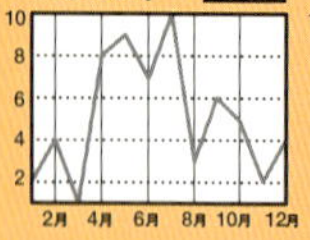


発芽期

**2006年** 活動

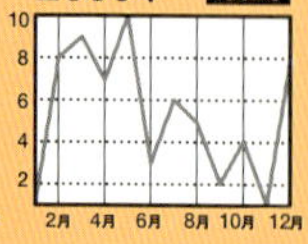


**2007年** 浪費

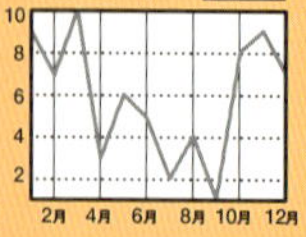


成長期

**2008年** 調整

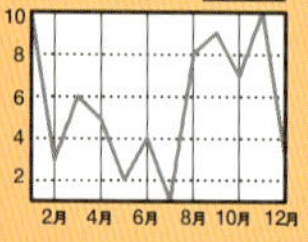


**2009年** 焦燥

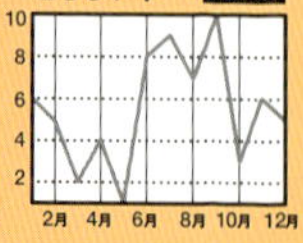


開花期

**2010年** 投資

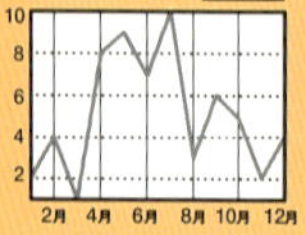


**2011年** 成果

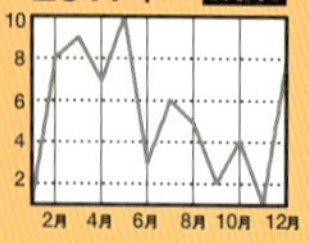


収穫期

**2012年** 転換

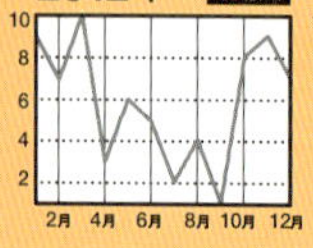


**2013年** 完結

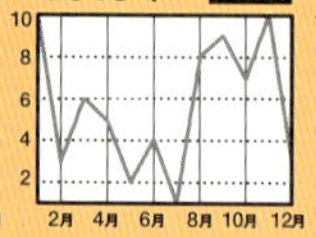


開墾期

**2014年** 整理

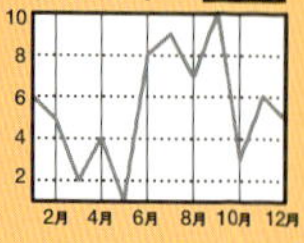

# 19 放浪の狼

P120
海洋《オーシャン》

### 放浪の狼の有名人

小出義雄
tohko
永井大
長山洋子
松嶋奈々子
室伏広治

**最高の相性！**
**ホワイトエンジェル**

44 情熱的な黒ひょう P45

**要注意人物！**
**ブラックデビル**

14 協調性のないひつじ P98

## 正しいと思う道を突き進む

同世代の子どもと群れるのが嫌いで、他人と同じようにする事に興味がありません。先生や大人の評価も気にしませんから、変人のように見られることもありますが、自分が正しいと思った道を突き進んでいるだけなのです。人嫌いなのではなく、自分に正直に生きているのです。一箇所にとどまっているのが苦手なので、放浪癖があると思われてしまいます。独特な価値観を大切に育ててあげれば、将来大成します。

## 10年間の運気グラフ

●詳しい説明は120ページ！

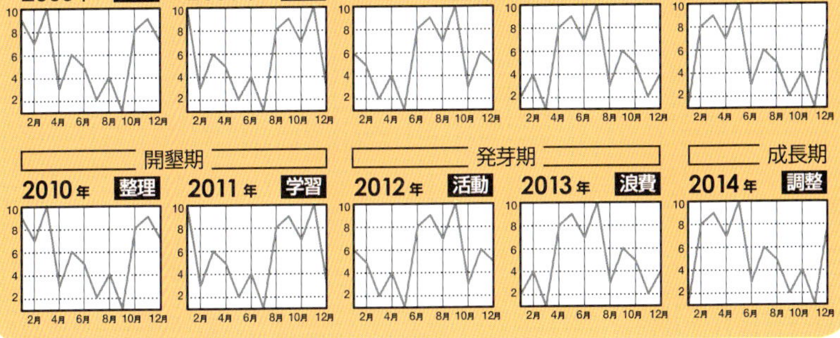




狼 こじか 猿 チータ 黒ひょう ライオン 虎 たぬき 子守熊 ゾウ ひつじ ペガサス

# 24 クリエイティブな狼

⇒P120 キャンドル 灯火

## センスあふれる人気者

美的感覚に優れた、才能あふれる子どもです。理想が高いので、自分が正しいと信じることしかしませんから融通性はありません。一見ぶっきらぼうに見えますが、ユーモアのセンスもあり、友だちからは人気があります。へそを曲げると頑固な性格が強く出ますが、いい先生に恵まれると実力以上の結果が出せる子です。成長するにしたがって個性的な魅力が増していきます。個性の芽を摘まない寛容さが必要です。

**クリエイティブな狼の有名人**

今井美樹
桜井和寿
竹野内豊
所ジョージ
戸田恵子
梨花

**最高の相性！**
**ホワイトエンジェル**

39 夢とロマンの子守熊 P84

**要注意人物！**
**ブラックデビル**

9 大きな志をもった猿 P27

## 10年間の運気グラフ

●詳しい説明は120ページ！

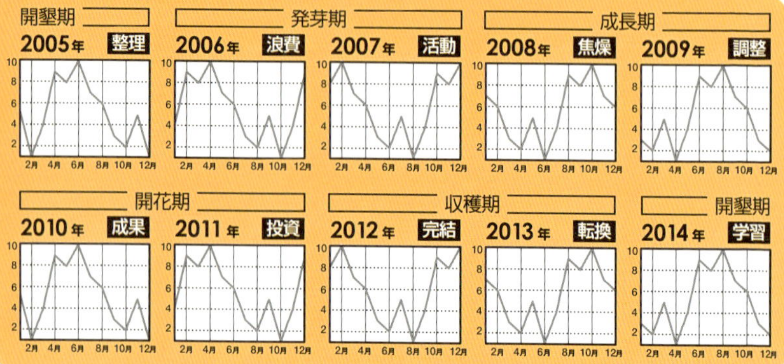

# 25 穏やかな狼

➡P120
山岳《マウンテン》

### 穏やかな狼の有名人

- 香取慎吾
- スガシカオ
- 高橋ひとみ
- ヴィクトリア・ベッカム
- 村上里佳子
- 山口智充

**最高の相性！**
**ホワイトエンジェル**

50 落ちこみの激しい黒ひょう P46

**要注意人物！**
**ブラックデビル**

20 物静かなひつじ P99

## 几帳面で嘘がつけない正直者

嘘がつけない正直な子どもです。思ったことを何でもハッキリ口に出すので、周囲を驚かせることもしばしばです。自分に自信を持っているので、否定されたり反論されると無口になります。小さいうちは手に負えないところもありますが、成長して個性が確立してくると素直な優等生になるでしょう。過去にこだわることもないので、クヨクヨしたりすねたりすることもありません。几帳面な性格で、みんなに慕われます。

### 10年間の運気グラフ

●詳しい説明は120ページ！

収穫期 / 開墾期 / 発芽期

2005年 完結　2006年 整理　2007年 学習　2008年 活動　2009年 浪費

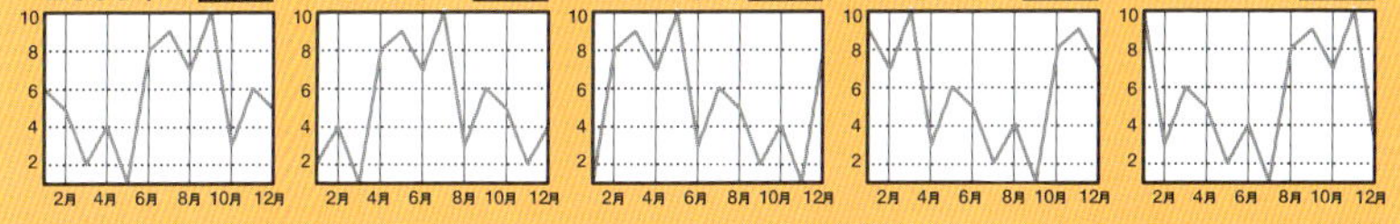


成長期 / 開花期 / 収穫期

2010年 調整　2011年 焦燥　2012年 投資　2013年 成果　2014年 転換

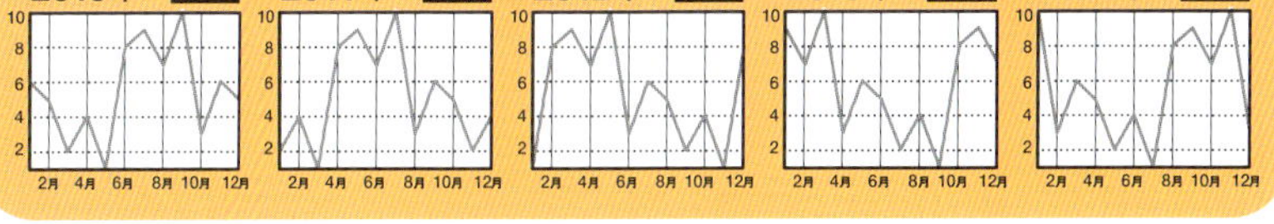

# 30 順応性のある狼

➡P120
レインドロップ
雨露

### 順応性のある狼の有名人

相川七瀬
イ・ビョンホン
川口能活
寺島しのぶ
中村俊介
松井直美

**最高の相性！**
**ホワイトエンジェル**

45 サービス精神旺盛な子守熊 P85

**要注意人物！**
**ブラックデビル**

15 どっしりとした猿 P28

## 不器用で心優しいがんばり屋

負けん気の強いがんばり屋さんで、物事を冷静に判断することができる子どもです。親や先生が感情的にモノを言うと反発しますが、困っている人や弱い人を見ると放っておけない優しい面もあります。しかし、大人に媚びたり上手に立ち振る舞うことが苦手なので、甘え下手で損なところも。思ったことを素直に口にするので、ときに誤解を招いてしまうことも。直感力と個性的な才能をいかせば成功します。

## 10年間の運気グラフ

●詳しい説明は120ページ！

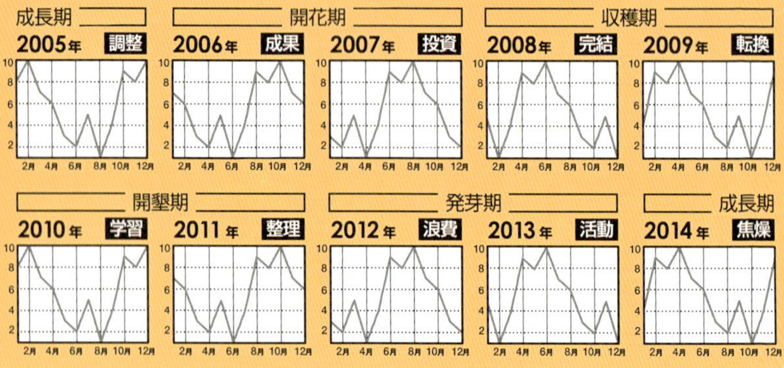

# 36 好感のもたれる狼

➡P120
フィールド 大地

**好感のもたれる狼の有名人**

ウド鈴木
鈴木亜久里
セリーヌ・ディオン
中島みゆき
平野啓一朗
山口もえ

**最高の相性！**
**ホワイトエンジェル**

51 我が道を行くライオン P54

**要注意人物！**
**ブラックデビル**

21 落ち着きのあるペガサス P108

## 社交的で人当たりのよい情熱家

狼の中では、最も社交性を発揮する、温和で人当たりの優しい子どもです。大人びた雰囲気ですが、内面には熱く燃える情熱を秘めています。みんなと親しくできますが、ベタベタした関係は嫌いで、心の中では明確に自分と他人を線引きしています。人に立ち入られたくない自分がいて、自尊心が強いのが特徴です。他人からは、自己中心的と思われるような言動も多く、ひとりで何でもやってしまう器用さがあります。

## 10年間の運気グラフ

●詳しい説明は120ページ！

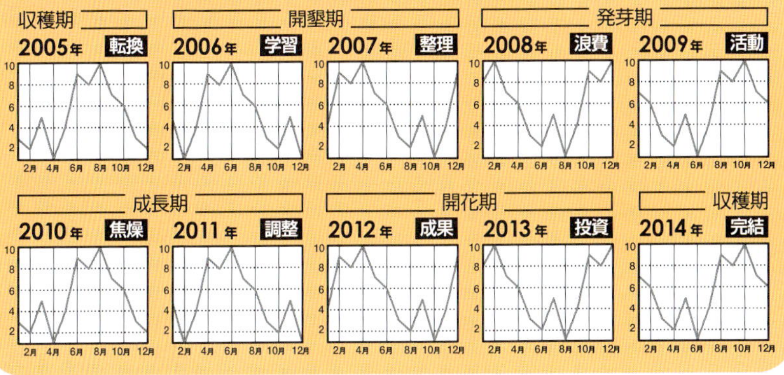

# こじか group グループ

かけひきは苦手

親しくなるとわがまま

初対面では警戒心がつよい

好き嫌いがはげしい

## Happy 子育てポイント

**1 ひとりにしないで！**
いつも愛情をたっぷりと感じていたいので、放ったらかしは×。

**2 スキンシップを忘れないで！**
ベタベタと親に甘えるのも、愛情表現。うっとうしがらないで。

**3 話を聞いてあげて！**
外で何があったか一生懸命に話します。最後まで聞いてあげましょう。

➡P114
行動パターン
状況対応型

➡P116
心理ベクトル
未来展望型

➡P118
思考パターン
右脳型

➡P136
3分類
月

**男の子** ♂ スキンシップが大好きなやんちゃ坊主

**女の子** ♀ 情緒豊かでみんなに可愛がられる甘えん坊

# 好奇心旺盛

## 行動範囲が限られている

## 愛情が確認できないと不安

## 感情をかくしきれない

人見知りをしたり、なかなか心を開かない臆病な面がありますが、一度信頼した相手には、自分を飾らず見せて素直に接します。正義感の強さと義理人情の厚さを持ち、かけひきや裏表のある対応は苦手です。周囲からとても愛される子ですし、本人も「自分は愛されているんだ」と思うと安心してすくすくと成長していけます。厳しく叱りつけると萎縮し、心を開かなくなりますので、多少ワガママな部分があっても、やさしく包み込み、できるだけのびのびさせてあげたいですね。

# こじか group グループ

## 行動パターン

### 周囲との協調性が大事

家を離れてひとりで遠くまで行くようなことはできません。行動もスローテンポで、考えてばかりでちっとも行動に移さないという印象があります。

実際、物事の期限に対する危機感があまりありませんから、緊張も長く続かず、途中でギブアップしてしまうこともあります。周囲の大人はイライラしますが、この子は人の様子を観察しながら、自分なりの行動のしかたを学んでから動き始めるのです。納得するまで待ってあげることが何よりも大切です。

## ケンカ

### ウソを敏感に察知

なるべくケンカはしたくないと思っていますが、相手がウソをついたり、約束を破ったりすると敏感に察知します。つまり、ケンカの原因は相手の言葉や態度にあることが多いのです。

必ずお子さんの言い分をきちんと聞いてあげることが大切です。子どもといえども真摯な態度で接し、ウソやごまかしは厳禁です。その上で、たとえ相手が間違っていても許すことのできる寛容さを、少しずつ身につけてあげましょう。素直に反省もできる子ですから、よく話をしましょう。

## 好きなコト・得意なコト

- **本物に触れ、ひとつのことをじっくりと研究する**
- **ウソやごまかしのきかないものを、じっくりとつくりあげていく**
- **自然環境の豊かな場所でのんびりと過ごす**
- **これからの世の中にとって本当に必要なことを考える**
- **みんなが仲良くなれるように、人と人との橋渡しをする**
- **かわいいものや小動物を愛する優しさがある**
- **弱い者を助けるという正義感を持っている**

お子さんは人に喜ばれるようなことを考えるのが大好きです。こうした一面を発揮できる役割を与えられると、持ち前の力をおおいに発揮できます。

## 克服したいこと

### 人前で恥をかく

とても人に気をつかうので、人前で自分の短所をさらけだすことが苦手です。人前で恥をかく練習をして、自分をさらけ出せれば、もっともっと周囲の人たちに愛されます。

人前で恥をかけないというのは、自信のなさのあらわれでもあるので、何かひとつ自信を持てるようなものを見つけてあげたいですね。「これだけは人に負けない」というものが見つかれば、お子さんはグングン変わっていきます。焦らずじっくりと、自信をつけてあげてください。

## NGワード

### 「ひとりで遊んでなさい」

こじかは、ひとりでは生きられません。いつも誰かと一緒にいたいと思っていますし、ひとり遊びなどできないのです。

### 「まとわり付かないでよ！」

スキンシップは、こじかの大切なコミュニケーション手段なのです。忙しくなる前にキュッときつく抱きしめてあげてください。

### 「もう子どもじゃないのよ」

こじかは、いくつになっても甘えん坊。甘えられる相手は、本当に心を許した人だけなのですから大目に見てあげましょう。

## やる気を引き出す、魔法のコトバ

### 「よくここまでがんばったね！」

自分なりにコツコツとやる子ですから、努力や根性を押しつけるのは逆効果。「よくがんばったね」とほめられることが何よりも励みになります。 お子さんは愛情を注いだ分、花を咲かせるタイプです。厳しくするよりも、スキンシップを大切に、やさしい言葉をたくさんかけましょう。ゆっくり見守ってくれる存在こそが必要なのです。

# 11 正直なこじか

➡P120
ビッグツリー
大樹

### 正直なこじかの有名人

田村淳
西村雅彦
松岡修造
土井たか子
茂森あゆみ
松任谷由実

**最高の相性！**
**ホワイトエンジェル**

16 コアラのなかの子守熊 P82

**要注意人物！**
**ブラックデビル**

46 守りの猿 P31

## 人間観察が得意な平和主義者

みんなからかわいがられ、愛されることが大好きな平和主義の子ども。初対面だと緊張して思うように話せないシャイな性格の持ち主ですが、親しくなるとベタベタと甘えてひとときも離れなくなります。嘘をつくのが大嫌いで、相手にもそれを求めますので、不誠実な相手には心を閉ざしてしまいます。人間観察も得意で、じっと大人を観察しています。子どもだからと油断していると、矛盾を指摘されてしまいます。

### 10年間の運気グラフ

●詳しい説明は120ページ！

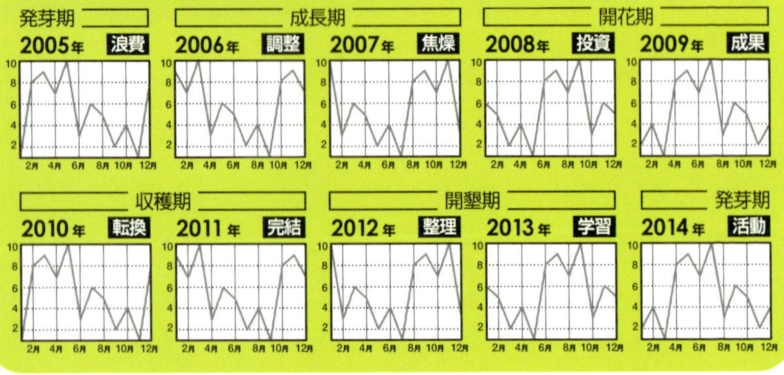

# 17 強い意志をもったこじか

➡P120
鉱脈《メタル》

### 強い意志をもったこじかの有名人

安倍晋三
安室奈美恵
ウエンツ瑛士
大沢たかお
中山美穂
ミムラ

**最高の相性！**
**ホワイトエンジェル**

22 強靭な翼をもつペガサス P109

**要注意人物！**
**ブラックデビル**

52 統率力のあるライオン P55

## おとなしいけれど内面は頑固

人と争うことが嫌いなので、ケンカする前に自分を抑えてしまうところのあるおとなしい子どもです。でも、内面は頑固な自信家でもあります。人間関係も好き嫌いが激しいので、基本的には気に入った友だちとばかり一緒に遊びます。自己防衛本能に優れているので、悪意で近寄ってくる人には一切心を開きません。お兄さんやお姉さん的な人の存在が欠かせないので、年長者との付き合いが多くなります。

## 10年間の運気グラフ

●詳しい説明は120ページ！

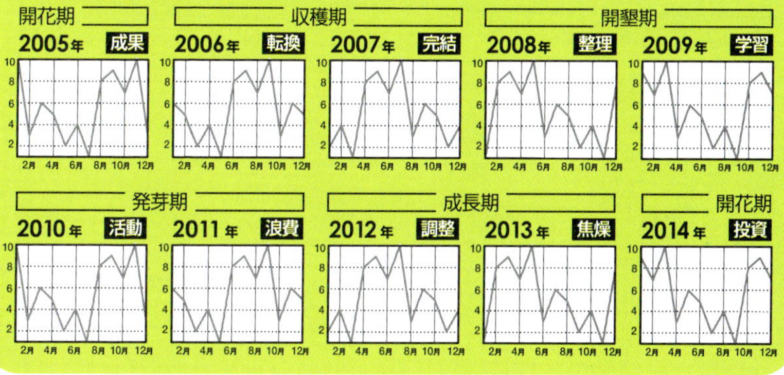

# 32 しっかり者のこじか

➡P120 サンフラワー 草花

### しっかり者のこじかの有名人

五十嵐亮太
大塚愛
里谷多英
田中麗奈
ブラッド・ピット
村上龍

**最高の相性！ ホワイトエンジェル**

7 全力疾走するチータ P37

**要注意人物！ ブラックデビル**

37 まっしぐらに突き進むゾウ P93

## 仲間の潤滑油になるつきあい上手

小さい頃から人付き合いが良く、誰とでもすぐに仲良くなれる特技をもった子どもです。相手の気持ちを察するのが上手いので、子ども社会でも潤滑油的な存在として重宝されます。ただ、人から頼まれると嫌とは言えないので、何でも引き受けすぎてパニックになることも。ケンカや揉め事が大嫌いなので、家庭内でも両親の仲が悪いとひねくれてしまいます。この子の前では、夫婦喧嘩はタブーです。

## 10年間の運気グラフ

●詳しい説明は120ページ！

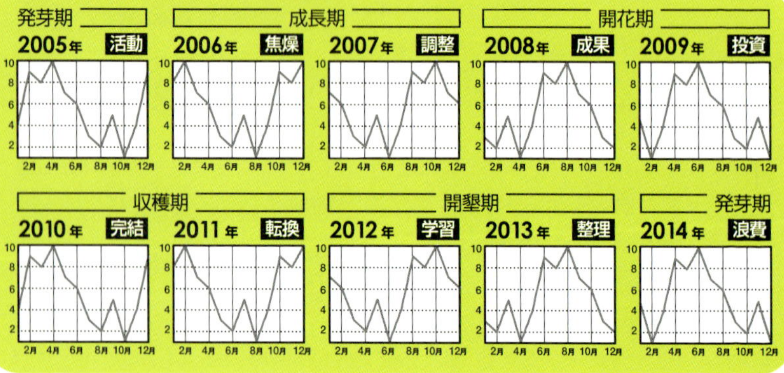

# 38 華やかなこじか

➡P120
ジュエリー 宝石

### 華やかなこじかの有名人

安藤美姫
城島茂
鈴木京香
広瀬香美
星野仙一
ヨーヨー・マ

**最高の相性！**
**ホワイトエンジェル**

13 ネアカの狼 P8

**要注意人物！**
**ブラックデビル**

43 動きまわる虎 P63

## どことなく気品のある慎重派

でしゃばることを嫌い、いつも控えめながら相手に気を使ういじらしい子どもです。どことなく品があり、育ちの良さを感じさせます。他人からどう見られているかをいつも考えているので、本当の自分をさらけ出すことはありません。ただ、幼なじみや心を許した相手には無防備になります。競争することや勝ち負けには無関心で、自分の興味のあることだけを見つめていたいと思っています。

## 10年間の運気グラフ

●詳しい説明は120ページ！

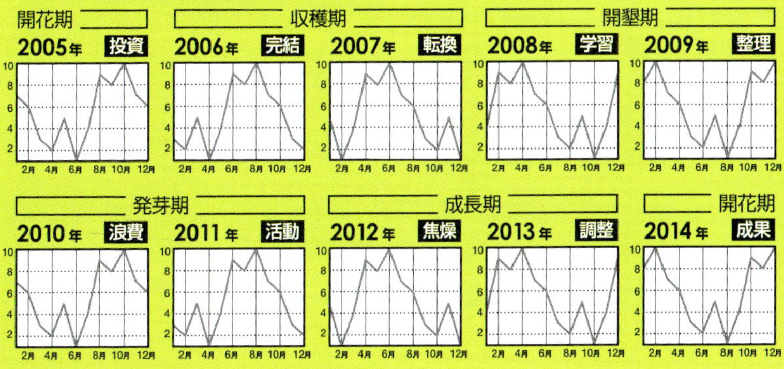


狼 こじか 猿 チータ 黒ひょう ライオン 虎 たぬき 子守熊 ゾウ ひつじ ペガサス

# さる group グループ

## のせられると弱い

## 堅苦しい雰囲気に弱い

## 相手の目を見て話す

### Happy 子育てポイント

**1 細かく指示してあげて！**
あいまいな言葉では理解できないので、箇条書きのメモなどが有効です。

**2 落ち着きを強制しないで！**
落ち着きがなく活発なタイプ。堅苦しい雰囲気は苦手なのです。

**3 長期的な展望を求めないで！**
短期決戦が信条なので、目の前のことに全力で取り組ませましょう。

**男の子** ♂ 落ち着きはないがここ一番に賭ける勝負師

**女の子** ♀ 明るく器用でみんなの注目をひく人気者

## 信じやすく だまされやすい

## ほめられたいためにがんばる

## 落ち着きがない

## 細かいことに気がつく

相手の考え方や出方に合わせて、臨機応変の対応をとれるサービス精神旺盛な子です。人の真似をしてほめられようとするのは、猿ならではの傾向。やや背伸びをすることもありますが、それも人の役に立ちたい気持ちの表れです。短期決戦型で、自分が目指したものに集中し、ほかの子よりも頑張りを見せるというバイタリティもあります。基本的には素直でユーモアにあふれた人のいい、かわいい子ですが、プライドが高いので、体面を傷つけられると相手に対して冷たい態度をとることもあります。

# さる group グループ

## 行動パターン

### チャレンジャー

新しいことにチャレンジするのが大好き。特に自分の興味にピッタリと合うものには、周囲を驚かせるほどのスピードと集中力で挑んでいきます。しかし、単調な作業のくり返しや、結果が見えにくいものに対しては、すぐに飽きてしまうようです。また、壁にぶつかることにも弱く、急にスピードが落ちてしまいます。

スピードが落ちたり、急にやめてしまったりしたときには、怒って続けさせるよりも、なぜ飽きてしまったのかを見極め、認めてあげながら励ますといいでしょう。

## ケンカ

### 決着がつけば後くされナシ

早とちりや早合点をするので、本人にその気がなくても、ケンカになってしまうことがあります。勝ち負けが決まるまでは頑として譲らず、激しく言い合ったり、手を出したりもします。

しかし、決着がつくとスッキリと気持ちを切り替えられます。この子にとってのケンカは勝負事、ゲーム感覚のようなところがあるのです。こういう点でも人がいいのでしょう。ケンカをしてもあとくされなく、ケロッとお友だちと付き合えるのは、このお子さんの特技かもしれません。

## 好きなコト・得意なコト

- **口が達者でなかなかの話し上手、伸びやかな表現ができる**
- **その場を楽しくするムードをつくり、みんなから注目される**
- **短期決戦に強く、抜群の集中力を見せる**
- **相手の気持ちを読んで、先手を打って行動する**
- **ゲーム感覚で勝負を楽しみ、勝ったら報酬をもらう**
- **頭の回転が速いので、臨機応変に対応し、行動できる**
- **「昨日よりも今日」と日々向上していきたい**

本人の興味を優先して結果を楽しみに待つ、という態度で接したほうが持ち前の力を発揮できます。ほめてあげながら、お子さんの長所をグングン伸ばしてあげてください。

## 克服したいこと

### 苦手なことをやりぬく

好きなことは上手にできますが、苦手なことをやり抜く忍耐力に欠けています。もうひと頑張りで克服できることをあきらめてしまうために、コンプレックスとして残りがちです。好きなことをやりとげて自信がついたら、苦手なことにも挑戦させ、さらに大きな自信をつけてあげましょう。

また、苦手なことや勝てないことを、人のせいにしたり理屈をつけてやめてしまうこともあります。負けを素直に認めることを学べば、それが逆に、次に進むきっかけとなるでしょう。

## NGワード

### 「ふざけないで、真面目に」

堅苦しい雰囲気の嫌いな猿は、ふざけているときはオープンハートしているときなのです。また、猿に真面目を強要してはいけません。

### 「ジッとしていられないの？」

猿は動いてないと息が詰まりそうになるのです。ジッとしている子だけがいい子ではありません。それは大人の都合です。

### 「足で何やってるの！」

手も足も器用な猿は、落ちているモノを足で拾うのは当たり前。逆に「器用だね～」とほめてあげましょう。

## やる気を引き出す、魔法のコトバ

### 「さすが！　スゴイね！」

気分を盛り上げれば、すぐにやる気が出る子です。「さすがにスゴイ。まいった」と感心されようものなら、もううれしくてたまりません。逆に、行き詰まっているときに叱ると、ついウソもつきます。涼しい顔でウソをついているように見えても、実は本人は苦しんでいるのです。何より、自分の味方を欲しがっている子なのです。

# 3 落ち着きのない猿

➡P120

太陽《サンシャイン》

## 失敗にめげないポジティブな行動派

明るく夏の太陽のような存在の子どもです。何事にもポジティブにチャレンジしますが、そそっかしいのでミスも多発します。でも、本人は失敗にメゲず何度でも挑戦します。元気一杯の行動派なので、自然とみんなが集まってきます。ケンカすることも多いですが、翌日にはケロッとしてあとを引かないサッパリとした性格です。周囲の力関係を見抜く力があるので、自分より格上だと感じると従順になります。

### 落ち着きのない猿の有名人

エディ・マーフィー
奥田民生
黒木瞳
高嶋ちさ子
氷川きよし
細木数子

### 最高の相性！ ホワイトエンジェル

48 品格のあるチータ P39

### 要注意人物！ ブラックデビル

18 デリケートなゾウ P91

### 10年間の運気グラフ

●詳しい説明は120ページ！

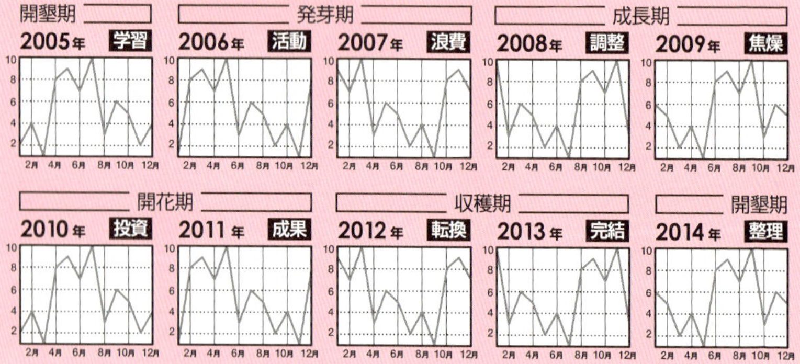

# 9 大きな志をもった猿

➡P120
オーシャン
海洋

## 楽しくも神経こまやかな積極派

何にでも興味を持ち、積極的に取り組みます。素早くコツを飲み込む天性を持っているため深刻さはなく、ゲーム感覚で取り組めるので苦労とは感じません。堅苦しさを嫌い、楽しく過ごすのが大好きなわりには、神経がこまやかで警戒心が強いところもあります。周囲を気にせず自分の選んだ道を邁進するバイタリティーは、一流になれる可能性を秘めています。ただ、結果を焦りすぎると失敗します。

### 大きな志をもった猿の有名人

aiko
内村光良
つんく
長嶋茂雄
宮沢りえ
渡辺美里

### 最高の相性！
**ホワイトエンジェル**

54 楽天的な虎 P65

### 要注意人物！
**ブラックデビル**

24 クリエイティブな狼 P10

## 10年間の運気グラフ

●詳しい説明は120ページ！

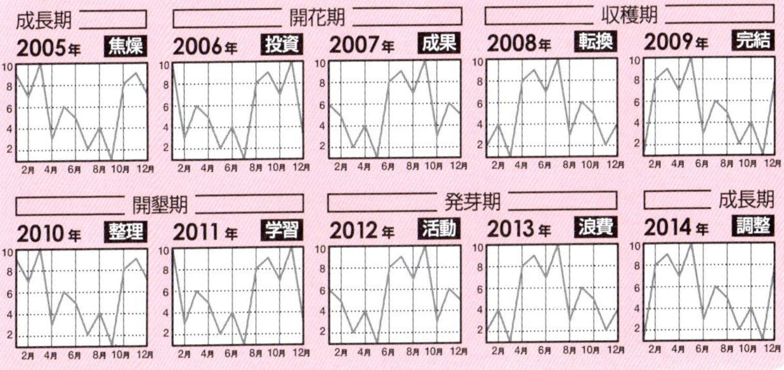


狼
こじか
猿
チータ
黒ひょう
ライオン
虎
たぬき
子守熊《コアラ》
ゾウ
ひつじ
ペガサス

# 15 どっしりとした猿

➡P120 マウンテン 山岳

### どっしりとした猿の有名人

稲垣吾郎
荻野アンナ
神田沙也加
ジョージ・ルーカス
中島美嘉
山下智久

**最高の相性！**
**ホワイトエンジェル**

60 慈悲深い虎 P67

**要注意人物！**
**ブラックデビル**

30 順応性のある狼 P12

## おおらかさと天性のカンで勝負

多彩な分野に興味を持ち、天性のカンを生かして短期的にマスターできる器用な子どもです。こだわりのないおおらかな性格ですが、早とちりも多いので周囲の誤解を招くこともあります。いつもは強気ですが、自信が揺らぐと急に弱気になってしまうところがあります。そのかわり立ち直りも早く、意欲的にチャレンジを再開する負けん気の強さもあります。ライバルが出現すると実力以上の結果を出すことができます。

## 10年間の運気グラフ

●詳しい説明は120ページ！

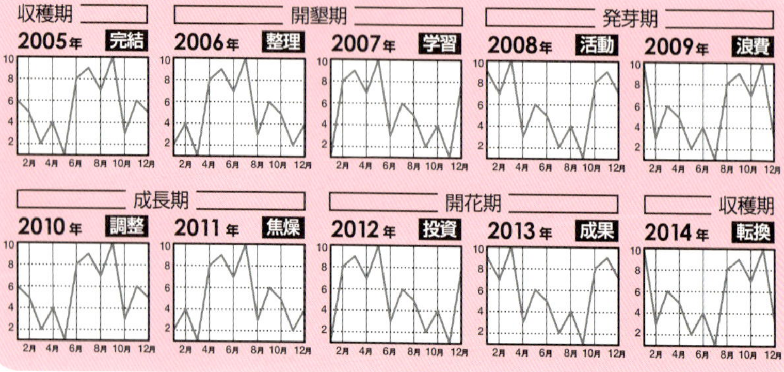

➡P120 灯火《キャンドル》

### 気分屋の猿の有名人

小野伸二
高橋尚子
田中美佐子
チャン・ドンゴン
浜崎あゆみ
ビートたけし

**最高の相性！**
**ホワイトエンジェル**

29 チャレンジ精神の旺盛なひつじ P102

**要注意人物！**
**ブラックデビル**

59 束縛を嫌う黒ひょう P49

## 争い事の嫌いな人気者

気どらないフランクな付き合いのできる、愛すべきキャラの子どもです。適度な距離感を保った処世術は天性のもので、競ったり言い争ったりすることが嫌いなので敵は作りません。大勢の中でも自然と注目を浴びる存在になります。打算や策略とは無縁で、心の安定を大事にします。気が小さいわりには場当たり的な行動に出て後悔することもありますが、無理をせず淡々と楽しみながら毎日を過ごすのが理想です。

### 10年間の運気グラフ

●詳しい説明は120ページ！

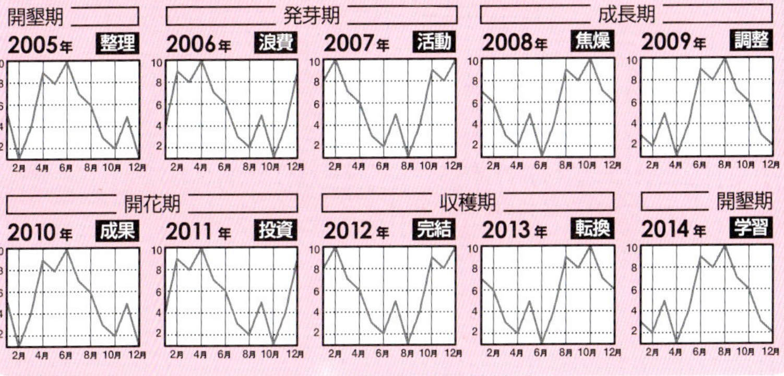




狼
こじか
猿
チータ
黒ひょう
ライオン
虎
たぬき
子守熊《コアラ》
ゾウ
ひつじ
ペガサス

# 40 尽くす猿

➡P120
レインドロップ 雨露

### 尽くす猿の有名人

高見沢俊彦
中山エミリ
柳沢慎吾
大野智
さとう珠緒
アン・ルイス

**最高の相性！ ホワイトエンジェル**

35 頼られると嬉しいひつじ P103

**要注意人物！ ブラックデビル**

5 面倒見のいい黒ひょう P44

## 感受性は豊かだが感情表現は苦手

人の気持ちを瞬時にくみ取ることができ、親切なので友だちは多いでしょう。敏感に状況を察知する感受性の強さは天下一品です。でも、感情をあまり表に出さないので、自分を理解してくれる仲間がいないと精神的なプレッシャーに押しつぶされてしまいます。自ら人生を切り開いていく能力に恵まれていますが、器用すぎて何でも自分でやってしまわないと気がすまないのでチームワークは苦手かもしれません。

### 10年間の運気グラフ

●詳しい説明は120ページ！

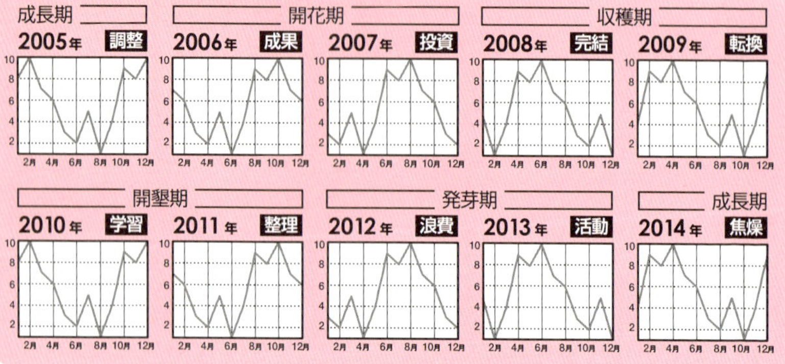

# 46 守りの猿

➡P120
フィールド 大地

### 守りの猿の有名人

オードリー・ヘップバーン
小池徹平
小柳ゆき
椎名誠
浜田省吾
八木亜希子

**最高の相性！**
**ホワイトエンジェル**

41 大器晩成のたぬき P74

**要注意人物！**
**ブラックデビル**

11 正直なこじか P18

## 堅実で社交上手な自信家

社交上手で野心満々の自信家ですが、生活の安定を第一に考え、物事を合理的に判断して最も効率の上がる方法を選ぶなど堅実さも兼ね備えています。社交的で人付き合いの上手さは定評がありますが、気が大きくなると話が大きくなってついつい背伸びしてしまいます。金銭感覚には優れていて、打算を忘れることはありません。そのせいか、友だちは多くても、心から付き合える親友は少ない方かもしれません。

## 10年間の運気グラフ

●詳しい説明は120ページ！

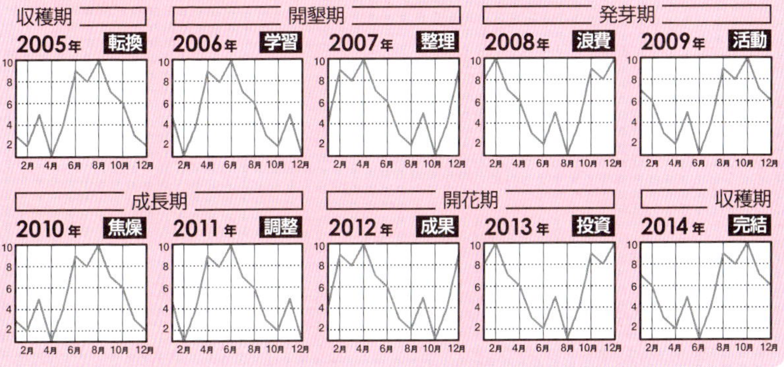

# チータ group グループ

## 話も態度もデカい

## 瞬発力はあるが、長続きしない

## 常に話の中心でいたい

## 人前でカッコつけたがる

### Happy 子育てポイント

**1 好奇心の芽をつまないで!**

時計もおもちゃもどんどん分解する、好奇心の塊。叱ってはいけません。

**2 禁止用語は逆効果!**

「ダメ」と言われると、やりたくなるタイプなのです。

**3 継続を求めないで!**

熱しやすく冷めやすいチャレンジャー。幅広い可能性を認めてあげて。

➡P114
行動パターン
状況対応型

➡P116
心理ベクトル
未来展望型

➡P118
思考パターン
左脳型

➡P136
3分類
太陽



**男の子** ♂ 何にでも果敢にチャレンジする冒険家

**女の子** ♀ 超プラス思考で切り替えの早いオテンバ娘

## 思いこみが激しく、お人好し

# 超プラス思考

## 欲しいと思ったらすぐ買う

## 成功願望が強い

とにかく行動が機敏で利発な子どもです。自分で考えた通りに素直に行動するため、気ままなお天気屋と思われることもあるようですが、強い好奇心と、何にでも挑戦するバイタリティの表れなのです。このバイタリティとひたむきさは天性の宝ですが、ときとして自分中心になってしまい、自分の考えを一方的にまくしたて、相手を傷つけてしまうこともあります。相手の気持ちを考えることも教えたいですね。ちょっと見栄っぱりのところもありますが、おおらかな気持ちで見守ってあげたいものです。

# チータ group グループ

## 行動パターン

### ロケットスターター

行動スピードの速さはピカイチ。興味をひかれたら、目にも止まらぬ速さで突進します。新しいことにチャレンジするのも大好き。

しかし、単調でおもしろみのないことにはすぐに興味を失い、放り出してしまいます。また、思わぬ困難に出会うと、今までのすごいスピードはどこへやら、急にグズグズしてしまうことも。「飽きっぽくてしょうがない」と見放さないで、前に進めない障害が何か探ってあげてください。上手に励ましながら、前進させてあげましょう。

## ケンカ

### 行く手をはばまれると激怒

興味の対象を見つけると矢のように突き進みたい子ですから、それを邪魔するものがあると、さあ大変。一気に爆発です。そもそもはあまりこだわりのない子ですが、目的を果たせないとわかったときには豹変するのです。

ところが、飽きっぽい一面もあり、あれほど怒ってたのに、もうどうでもよくなっている、ということもよくあります。チータのケンカはあまり深刻に受け止めなくても大丈夫です。ただし、相手を傷つけすぎないように、という指導はするべきでしょう。

## 好きなコト・得意なコト

- **みんなが注目するようなスケールの大きいことをする**
- **頭の回転の速さや記憶力が生かされること**
- **自分の感性に響いたものをみんなに伝え広めていく**
- **逆境に強く、困難にも果敢にチャレンジする**
- **人の気持ちを見抜いて、駆け引きする**
- **スピード感抜群で、行動しながら考えられる**
- **カンが鋭く、何に対しても積極的に挑戦することができる**

どうせやるなら認められたいというタイプなので、段階に応じて評価されると力を発揮できます。短所を案ずるより、こうした才能を伸ばせる環境をつくってあげましょう。

### 克服したいこと

## 粘り強くやりとげる

チータは頭の回転がとても速い反面、ひとつのことをねばり強くやりとげる力に欠けています。しかし、その性格からして、苦手なことを我慢してやらせて、ねばり強さを身につけようとしても難しいでしょう。

それよりも長所をのばしながら、なんらかの成果を出させてあげましょう。その自信から、他のことも粘り強くがんばれる力が少しずつついていきます。一度にあれもこれもと要求すると、中途半端になります。ひとつずつ確実に成果を出させることが大切です。

### NGワード

**「ダメって言ってるのに！」**

ダメと言われれば言われるほどチータは面白がります。禁止用語は逆効果なのです。

**「ひとつのことに集中しなさい！」**

いろんな物に興味を持つのが好奇心旺盛なチータの特徴です。ひとつのことに集中していても他の事が気になって仕方ないのです。手に入れると興味を失うのも特徴。

**「何時になったら帰ってくるの！」**

チータを時間で管理してはいけません。その瞬間瞬間で生きているのですから、もう少し自由にさせてあげましょう。

### やる気を引き出す、魔法のコトバ

## 「誰よりもできてるね！」

負けず嫌いな子ですから、「他の誰よりもできてるわね」と挑戦意欲をあおってあげると効果があります。また、早合点から失敗してしまうこともありますが、そんなときに「あわてるからよ」などと追い打ちをかけるのは×。「よくがんばったね」「大丈夫、次はこうしようね」と、次なる意欲を失わせないようにしてあげましょう。

# 1 長距離ランナーのチータ

➡P120
ビッグツリー 大樹

## 独特の魅力で成功する自信家

独特のオーラで人をひきつける魅力をもった子どもです。周囲からの引き立てで実力以上に成功するという生まれながらの幸運にも恵まれています。大きな目標に向かって世界で活躍するようなダイナミックな夢を持っていますので、その夢を否定せず応援してあげると、やがてチャンスをモノにします。自信過剰なところもありますが、自信がないより100倍ステキなことです。見通しが甘いので、そこだけ注意が必要。

### 長距離ランナーのチータの有名人

工藤静香
高見盛
高橋克実
椎名桔平
カルロス・ゴーン
ビビアン・スー

**最高の相性！**
**ホワイトエンジェル**

26 粘り強いひつじ P101

**要注意人物！**
**ブラックデビル**

56 気どらない黒ひょう P48

## 10年間の運気グラフ

●詳しい説明は120ページ！

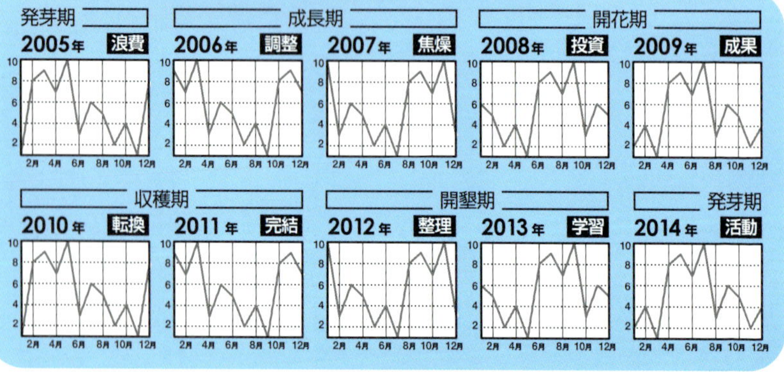

# 7 全力疾走するチータ

➡P120
メタル
鉱脈

### 全力疾走するチータの有名人

要　潤
友近
布袋寅泰
仲間由紀恵
三宅健
MISIA

**最高の相性！**
**ホワイトエンジェル**

32 しっかり者のこじか P20

**要注意人物！**
**ブラックデビル**

2 社交家のたぬき P72

## 超プラス思考で飛躍する努力家

何事にも全力で打ち込む努力家です。ただ、攻めているときは強いのですが、守りに入ると急に逃げ出したくなるという気弱な面が出てきます。超プラス思考なので、周囲の応援があればピンチもチャンスに変えて大きく飛躍する可能性を秘めています。批判や苦言は逆効果となりますので、小さな失敗は見て見ぬふりをして、どんどんほめてその気にさせてあげてください。それが成功者へ成長させる秘訣です。

## 10年間の運気グラフ

●詳しい説明は120ページ！

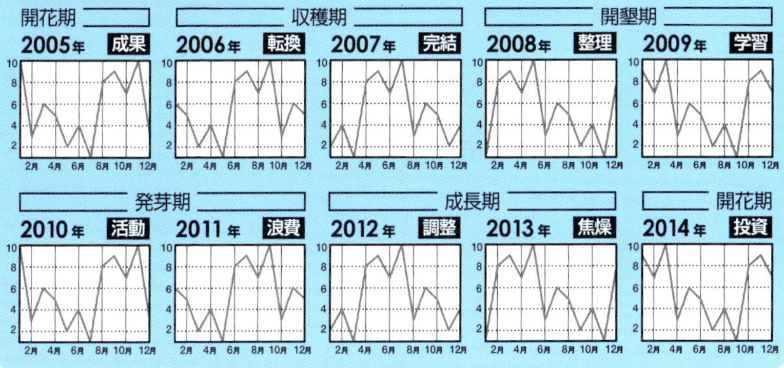

# 42 足腰の強いチータ

➡P120
サンフラワー
草花

### 足腰の強いチータの有名人

ISSA
大平光代
釈由美子
光浦靖子
森山直太朗
渡辺徹

### 最高の相性！ ホワイトエンジェル

57 感情的なライオン P56

### 要注意人物！ ブラックデビル

27 波乱に満ちたペガサス P110

## センス抜群の天性の行動派スター

頭の回転が速く、思い立ったら即実行する行動派の子どもです。カッコよく自分を演出するのも得意で、人の心をすばやく察知するカンと説得力が武器です。注目されればされるほど力を発揮する天性のスター性があります。でも、人から細かく指示されたり束縛される環境には反発しますので、放任主義で育ててあげることです。ヘアスタイルや服装にもカッコよさを求めるので、センスの良さもほめてあげましょう。

## 10年間の運気グラフ

●詳しい説明は120ページ！

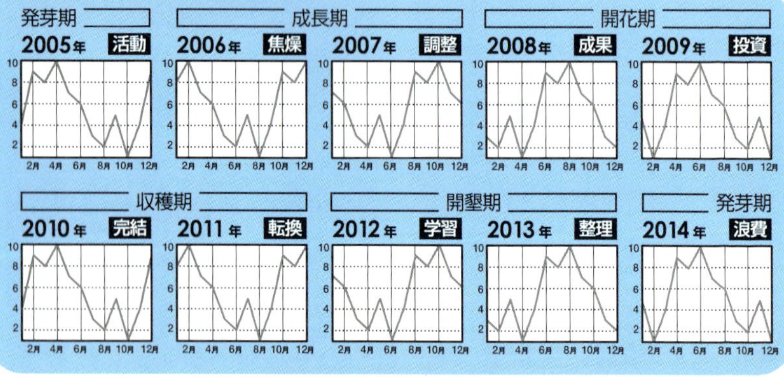

# 48 品格のあるチータ

➡P120
ジュエリー
宝石

## ヒラメキで行動する品のある人気者

誰とでもすぐにうちとける、明るく親しみやすい性格の持ち主です。自信たっぷりにマイペースに行動しますが、どことなく品があり、普通の子どもと違った大人びた雰囲気をもっています。世話好きの楽天家で、カンとヒラメキで行動に移るので失敗も多いようですが、そんなことは気にもとめず新たにチャレンジを続けます。短期集中型なので、無我夢中で何かに打ち込んでいるときには声をかけてはいけません。

### 品格のあるチータの有名人

織田裕二
恩田陸
菅野美穂
滝沢秀明
伊達公子
マギー審司

### 最高の相性！ ホワイトエンジェル

3 落ち着きのない猿 P26

### 要注意人物！ ブラックデビル

33 活動的な子守熊 P83

## 10年間の運気グラフ

●詳しい説明は120ページ！

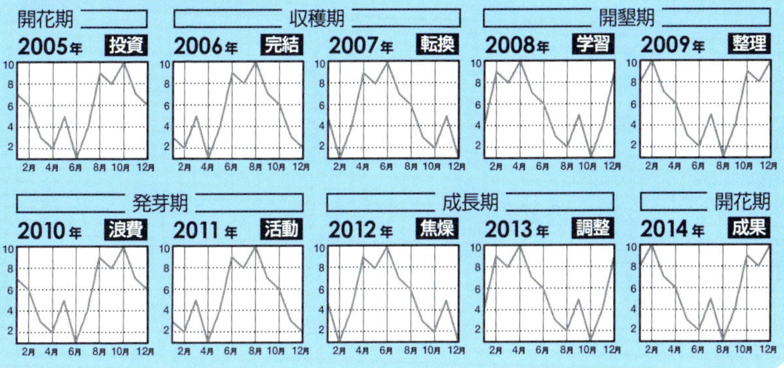




狼
こじか
猿
チータ
黒ひょう
ライオン
虎
たぬき
子守熊《コアラ》
ゾウ
ひつじ
ペガサス

# くろひょう group グループ

ガラス細工のような**繊細な心**

メンツやプライド、
立場に**こだわる**

**おしゃれ**で
**新しい**もの好き

気をつかわれると**上機嫌**

## Happy 子育てポイント

**1 人前で叱らないで！**
プライドがとても高いので、人前で叱るのはタブーです。

**2 着るものは自分で選ばせて！**
美意識が高いので、服は自分で選ばせてあげましょう。お下がりはイヤ。

**3 話を途中でさえぎらないで！**
会話そのものを楽しむタイプですので、結論を急がせてはいけません。

→P114 行動パターン 目標指向型
→P116 心理ベクトル 未来展望型
→P118 思考パターン 左脳型
→P136 3分類 月

**男の子** ♂ 面倒見がよく世話好きなみんなのリーダー役

**女の子** ♀ 情報に敏感なセンスあふれるおしゃれさん

# 常にリーダーシップをとりたい

# 正義感、批判精神が強い

# 喜怒哀楽が顔に出やすい

# モノトーンが好き

ちょっとすましていて服装にも細かく気をつかうおしゃれさん。振る舞いそのものも、子どもとは思えないほどスマートで、マナーをよく知っていたりと大人っぽい一面もあります。流行にも敏感で、お友だちの間では情報通として知られているかもしれません。

こうした個性の割には、本来、自己顕示欲はそう高いほうではありません。ひとりだけ目立って浮いてしまうより、みんなと調和しながらやっていこうと望んでいるのです。明るく楽しい雰囲気が好きな子です。

# くろひょう group グループ

## 行動パターン

### 熱しやすく…

新しいことが大好きで、流行に飛びつくのはとても早いのですが、伝統的なことを地道にやったり、単調なことを長時間やる、といったことは苦手です。

自分から手をあげて始めたことでも、つまらなくなるとすたこらさっさと逃げてしまいます。興味を失ったら最後、何を言っても聞く耳を持ちません。責任感を教える必要はありますが、成果をあげさせたければ、子どもが新しい対象をみつけるのを待って、興味を失う前に励ましながらやりとげさせましょう。

## ケンカ

### あまりケンカはしないけど

人の和を考える優しい子だから、めったにケンカはしません。でも、いつも気をつかっている分、相手が自分勝手なことをしたり、約束をすっぽかしたりすると、いつもの穏やかさとは裏腹に、きついひと言も出てしまいます。

相手の方が悪いことが多いとはいえ、普段やさしい子が急に怒ることで、周囲の子どもがビックリしたり、ときにはお友だちが離れていってしまうことも。黒ひょうの言い分に共感してあげながらも、相手を許せる気持ちを育ててあげたいですね。

## 好きなコト・得意なコト

- 最先端のオシャレを楽しんだり、スマートにカッコよくキメる
- みんなが仲良くなれるように人と人との橋渡しをする
- リーダーシップをとってみんなをまとめていく
- 毎日新しい発見があり、自分のためになること
- 最新の情報やトレンドに敏感で情報通である
- 趣味や習い事を通じて自分を磨いていきたい
- しっかりと自己主張して、スマートに解決する

みんなを喜ばせるのが大好き。飽きっぽく見えても対象を絞ればコツコツやれる力がありますから、「気分屋ね」などと言わず、がんばれることを見つけてあげましょう。

## 克服したいこと

### 人前で恥をかく

スタイリッシュで体裁を気にする黒ひょうですから、服装はもちろん、立ち居振る舞いなど、すべてにおいてカッコよくなければ気がすみません。そのため、人前で恥をかくことや、自分をカッコ悪くみせて相手を立てるというようなことができません。

子どものうちから、あまり多くを要求する必要もないのですが、体面を気にするあまりにウソをついたりして取り繕うことがないよう、大人が注意して見ていてあげましょう。

## NGワード

### 「○○ちゃんを見習いなさい！」

プライドが高いので、他人と単純に比較されるととても傷ついてしまいます。上手にほめてあげる方が効果があります。

### 「着られれば何でもいいのよ」

美意識がとても高いので、着るものには特にこだわります。子どもなりのオシャレ感覚を大事にしてあげましょう。

### 「忙しいから、話しかけないで！」

会話がなくなると、黒ひょうは死んでしまいます。毎日の会話の積み重ねが人間関係を構築していくのですから。

## やる気を引き出す、魔法のコトバ

### 「がんばっているね。きっとできる！」

たどたどしく見えても自分なりにペース配分をしていますから、「がんばっているわね。まだまだやることはあるけど、きっとできるわ」と応援してあげましょう。また、「大丈夫？」と気をつかってあげると、上機嫌になります。おだてすぎは逆効果ですが、的確にほめることは、やる気を引き出す上でとても大切なことです。

# 5 面倒見のいい黒ひょう

→P120 マウンテン 山岳

### 面倒見のいい黒ひょうの有名人

京極夏彦
高岡早紀
堂本光一
中森明菜
東尾理子
氷室京介

**最高の相性！**
**ホワイトエンジェル**

10 母性豊かな子守熊 P81

**要注意人物！**
**ブラックデビル**

40 尽くす猿 P30

## プライドが高く独立心旺盛な楽天家

細かいことには無頓着でのびのびとした明るい性格の子どもです。世話好きで、他人から頼まれ事をすると断れないお人好しな一面もありますので、一見おっとりしているように見えますが、多少の困難にはくじけない強い意志をもっています。プライドも高く、ひとりでいることにも平気で、独立心も旺盛。対人関係では楽天的なところもあるので、気持ちの切り替えの上手い子どもです。

### 10年間の運気グラフ

●詳しい説明は120ページ！

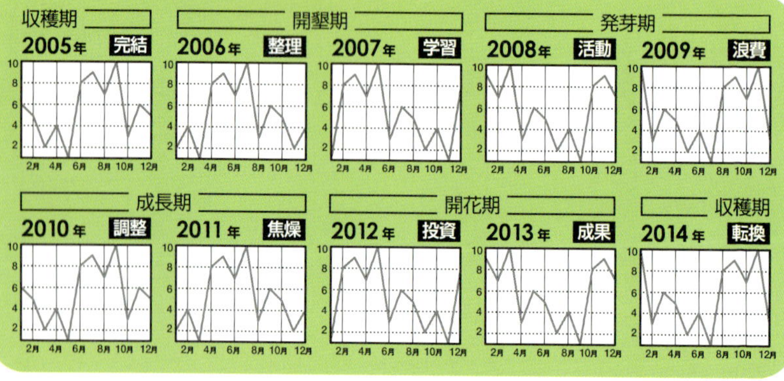

# 44 情熱的な黒ひょう

➡P120 キャンドル 灯火

**情熱的な黒ひょうの有名人**

宇多田ヒカル
小池真理子
堂本剛
平井堅
深津絵里
松田聖子

**最高の相性！**
**ホワイトエンジェル**

19 放浪の狼 P9

**要注意人物！**
**ブラックデビル**

49 ゆったりとした悠然の虎 P64

## 気さくで社交的な行動派リーダー

気さくな性格で人当たりもソフトな子ども。でも、内面には燃えるような情熱を秘めており、勝気なしっかり者でもあります。とても社交的で、他人を引き込むような話のうまさは相手に説得力をあたえます。常に新しいことに挑戦していたい行動力もあり、柔軟な姿勢はさまざまな分野でリーダーになる素質をもっています。ただ、好き嫌いや感情に左右されやすく、理想と現実のギャップに悩むことも多いでしょう。

## 10年間の運気グラフ

●詳しい説明は120ページ！

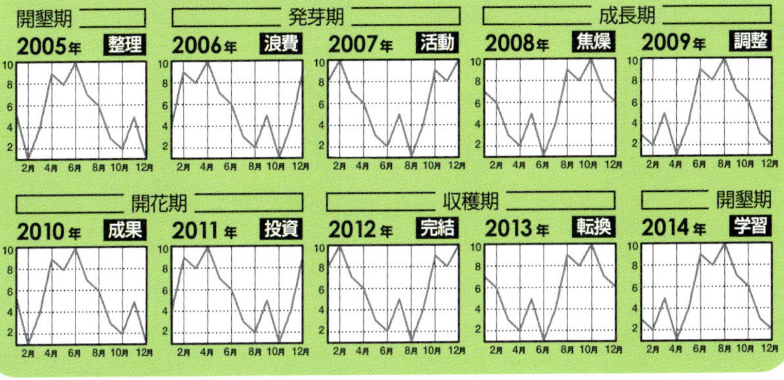
開墾期
2005年 整理
発芽期
2006年 浪費
2007年 活動
成長期
2008年 焦燥
2009年 調整
開花期
2010年 成果
2011年 投資
収穫期
2012年 完結
2013年 転換
開墾期
2014年 学習
10 8 6 4 2
2月 4月 6月 8月 10月 12月

# 50 落ち込みの激しい黒ひょう

➡P120
レインドロップ 雨露

### 落ち込みの激しい黒ひょうの有名人

上島竜兵
デミ・ムーア
袴田吉彦
BoA
宮崎駿
りょう

### 最高の相性！ ホワイトエンジェル

25 穏やかな狼 P11

### 要注意人物！ ブラックデビル

55 パワフルな虎 P66

## 芯は強いが繊細な心の持ち主

繊細な心の持ち主ですが、気が強いので自分の主張を曲げない子どもです。機転が利くので人付き合いは得意なほうで、優れた直感力と柔軟性で時流をとらえるのも得意です。いつもは活発で元気ですが、いったん落ち込むと立ち直るのに時間がかかります。精神的なもろさから自分の中の二面性との葛藤を抱えがちです。ただ、一度波に乗ると努力と根性で最後までやり遂げる芯の強さをもっています。

### 10年間の運気グラフ

●詳しい説明は120ページ！

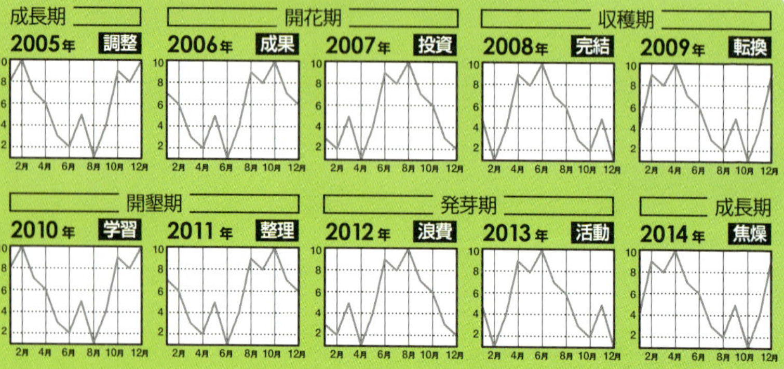

# 53 感情豊かな黒ひょう

➡P120 サンシャイン 太陽

**感情豊かな黒ひょうの有名人**

青木功
上戸彩
内田春菊
美空ひばり
山本耕史
レオナルド・ディカプリオ

**最高の相性！**
**ホワイトエンジェル**

58 傷つきやすいライオン P57

**要注意人物！**
**ブラックデビル**

28 優雅なペガサス P111

## 頭の回転が速く束縛が大嫌いな努力家

初対面の人と話をするのが苦手な、シャイな性格の子ども。情にもろく他人の善意を疑わない純粋なところがあります。自分の欠点を認める素直さから、やや自信がないように見られてしまいますが、頭の回転は速く、何でも器用にテキパキとこなします。反面、他人から束縛されるのは大嫌いで、気ままで飽きっぽく優柔不断な面もあります。明確な目標があって自信をつければ、最後までひたむきに努力する子どもです。

## 10年間の運気グラフ

●詳しい説明は120ページ！

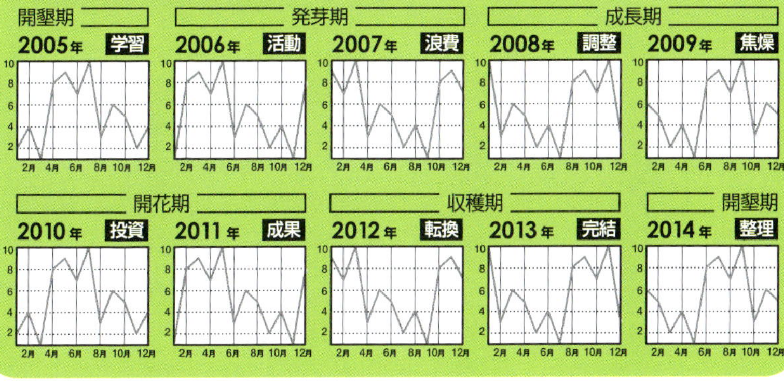

# 56 気どらない黒ひょう

➡P120
フィールド 大地

**気どらない黒ひょうの有名人**

アウン・サン・スー・チー
加藤登紀子
加藤晴彦
草野マサムネ
辻仁成
矢田亜希子

**最高の相性！ホワイトエンジェル**

31 リーダーとなるゾウ P92

**要注意人物！ブラックデビル**

1 長距離ランナーのチータ P36

## 礼儀正しく義理人情に厚い人格者

誰に対しても誠実に接する礼儀正しい子どもです。利害関係や打算に左右されない人格者的なところは、周囲から信頼されます。義理人情にも厚く、友だちにも献身的に尽くすタイプ。でも、自分の世界を大事にするので、むやみに立ち入ってくる人には拒絶反応を示します。交際範囲は広いのですが、心から付き合える親友は限られてきます。気の合った友人とは、仲間意識の強い付き合い方をします。

## 10年間の運気グラフ

●詳しい説明は120ページ！

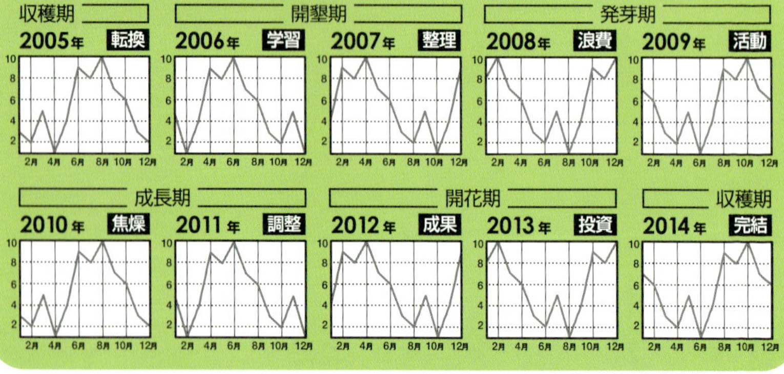

# 59 束縛を嫌う黒ひょう

海洋《オーシャン》

➡P120

### 束縛を嫌う黒ひょうの有名人

青木さやか
小西真奈美
坂本龍一
さくらももこ
仲村トオル
仁志敏久

**最高の相性！**
**ホワイトエンジェル**

4 フットワークの軽い子守熊 P80

**要注意人物！**
**ブラックデビル**

34 気分屋の猿 P29

## 鋭いカンで相手の心を見抜く人情派

義理人情に厚く、世のため人のためにとことん尽くせる子どもです。自然と周囲からの信頼を集めるので、友だちは多いほうでしょう。直感力に優れ、相手の心理状態を見抜くことも得意なので、どうしなければならないかを即座に判断できます。世話好きではありますが、自分のことを詮索されたり過剰に踏み込まれると心のシャッターが下りてしまいます。礼儀正しさと有言実行の行動力で、道を切り開きます。

## 10年間の運気グラフ

●詳しい説明は120ページ！

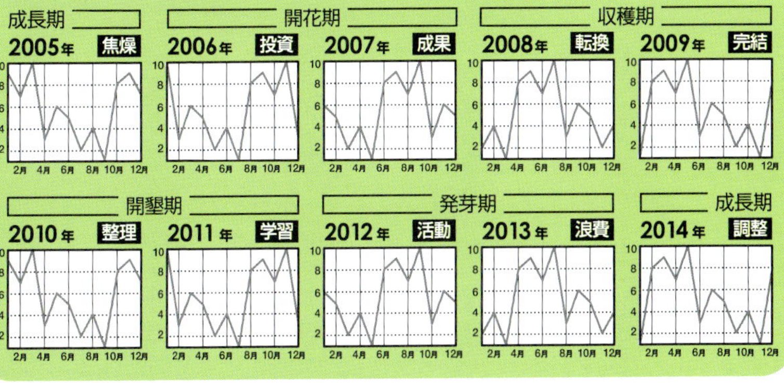

# ライオン group グループ

## 礼儀礼節にうるさい

## その道の超一流をめざす

## 徹底的にこだわる

## 数字や計算に弱い

### Happy 子育てポイント

**1 ほめてあげて！**
プライドの高さはNo.1なので、上手にほめてあげましょう。

**2 不安を取り除いてあげて！**
強がっていても内心は不安でいっぱい。笑顔で聞き出してあげましょう。

**3 着るものにこだわらせて！**
服装にはうるさいので、着られれば何でもいいという考えではダメ。

**男の子** ♂ 先生には従順だが学校では百獣の王的リーダー

**女の子** ♀ 気品あふれる大人びた完璧主義者

## 弱音をはかない

## 家の内と外での落差が大

## 特別扱いに弱い

## 人が言ったことをよく覚えている

礼儀正しく真面目で、クールな面持ちが印象的な優等生。ウソをついたりごまかしたりしない子です。ちょっと面白味に欠けますが、苦労が多くてもグチひとつこぼさず、忍耐強いところが偉いですね。ただ、謙遜はするものの、おだてには弱く、ほめられるとすっかり上機嫌になります。

外ではいつもはりきっていますが、本当は甘えん坊です。家の中では急にわがままになったり甘えたりします。でも、本音を言えるのは家族やごく少数の友だちだけですから、少しのわがままは聞いてあげましょう。

# ライオン groupグループ

## 行動パターン

### スロースターター

何をするにもまずは慎重に考え込んでしまうので、行動はスローテンポです。特に初めてチャレンジすることには「やり方がわからない」「もっとちゃんと練習してからでないと」と不安にかられ、よけい慎重になります。

一歩踏み出すためには、何をどう始めればいいのか、具体的に順序だてて説明してあげる必要があります。ライオンは、自信を持つまでに、十分な準備期間が必要なタイプです。多少スタートに時間がかかっても、待っていてあげてください。

## ケンカ

### いい加減を許せない

礼儀正しく弱音を吐かないので、わがままで怠惰な人を好きになれません。「あなたがきちんとしないから」とつい厳しい口調になってしまいます。これはいい加減な大人に対しても同じで、ピシャリと苦言を呈することも。

ライオンから見れば「みんなだらしない」となりますが、そういう本人も実はツメが甘く、それをお友だちに指摘されると、当たっているだけに不機嫌になりケンカになってしまいます。いい友だち関係のためには、相手を許すことも学ばせたいですね。

## 好きなコト・得意なコト

- スケールが大きくて「カッコイイ」とほめられること
- 自分の感性に響いたものを周囲の人に伝え、世の中に広めていく
- 人をたくさん集めて、権威と力のある組織をつくっていく
- 社交的で人の気持ちを引きつけ、リーダーシップをとれる
- 大きなことを成しとげて「スゴイね！」とほめられること
- 年長者を立てて敬意を払うことができる
- 辛いときでも決して弱音を吐かない強さがある

注目を浴びると照れながらも自信を持ってがんばるタイプです。周囲の人からキチンと評価されるようなことを選んでやらせてあげると、持ち前の力を発揮できます。

### 克服したいこと

## もう少し具体的に

真面目できちんとしているのですが、その反面、なぜか細かい数字や計算に弱いところがあります。また、話をするときも、具体性をもって詳細にというよりは、大きく漠然とした話をすることが多いようです。

　ライオンの子どもは、現実が伴わないところで自らの大きな夢に満足してしまうことがあります。夢を現実のものにしていくためには、自分の考えや行動を具体的にしていくことを、少しずつ学ばせてあげましょう。

### NGワード

#### 「バカ！」

超プライドの高い百獣の王ライオンに「バカ」と言った瞬間に心のシャッターが閉じます。子どもをバカにしてはいけません。

#### 「これが終わってからね！」

欲しいと思ったら待てないのもライオンの特徴。同時にいくつものことを並行してできるので、順番を強制してはいけません。

#### 「本心を言いなさい！」

ライオンは、なかなか自分から本音で話ができません。上手に誘導してあげることが大切です。

### やる気を引き出す、魔法のコトバ

## 「やってみたら、きっと上手くいくよ！」

リーダーシップはありますが、生来真面目な完璧主義なため、人前ではプレッシャーを感じてしまいます。緊張しているライオンには、「お母さんもこういうときは緊張したわ。でもやってみたら意外にうまくできちゃった」と、体験談を交えて励ましてあげましょう。そして、もし失敗してもおおらかに受け止めてあげてください。

# 51 我が道を行くライオン

➡P120
ビッグツリー
大樹

### 我が道を行くライオンの有名人

小沢健二
清原和博
藤谷美紀
ブリトニー・スピアーズ
松本人志
森口博子

**最高の相性！**
**ホワイトエンジェル**

36 好感のもたれる狼 P13

**要注意人物！**
**ブラックデビル**

6 愛情あふれる虎 P62

## 妥協を許さない完璧主義の王様気質

プライドが高く負けず嫌い。自分で決めたら誰の意見も聞き入れない頑固なところのある子どもです。弱音を吐かない意志の強さと妥協を許さない完璧主義の人です。まさに我が道を行く王者のような気質で、自分の運命は自分で切り開いていく独立心旺盛な努力家でもあります。反面、とても甘えん坊のところもあり、そのギャップがかわいいのです。内面は神経質で警戒心が強いので、なかなか本音を言いません。

## 10年間の運気グラフ

●詳しい説明は120ページ！

発芽期 / 成長期 / 開花期

2005年 浪費

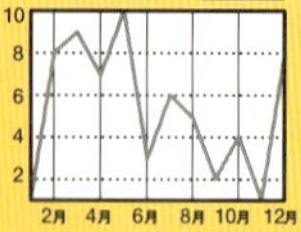


2006年 調整

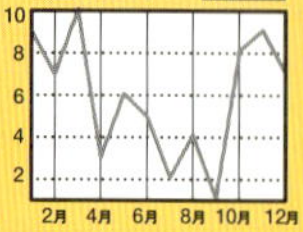


2007年 焦燥

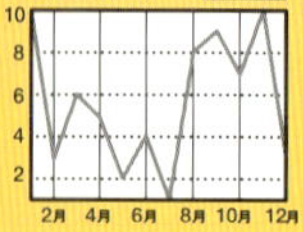


2008年 投資

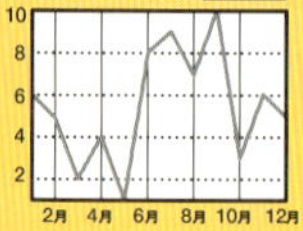


2009年 成果

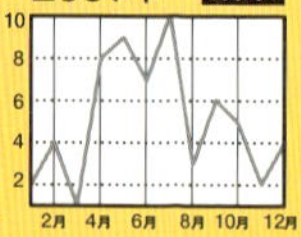


収穫期 / 開墾期 / 発芽期

2010年 転換

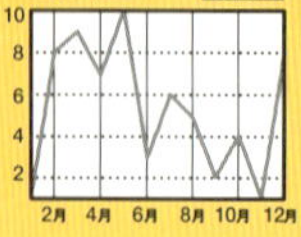


2011年 完結

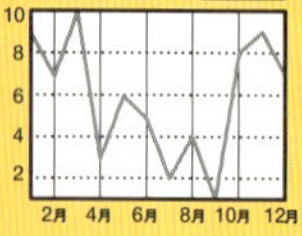


2012年 整理

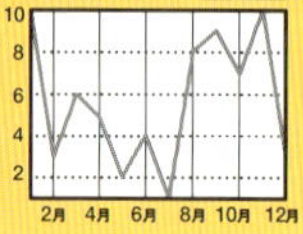


2013年 学習

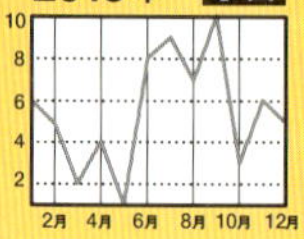


2014年 活動

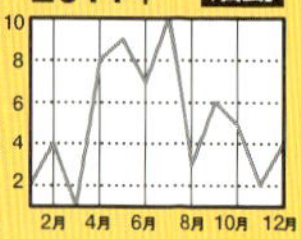

# 52 統率力のあるライオン

➡P120
サンフラワー
草花

### 統率力のあるライオンの有名人

柴咲コウ
孫正義
谷亮子
豊川悦司
ニコール・キッドマン
野田秀樹

**最高の相性！**
**ホワイトエンジェル**

47 人間味あふれるたぬき P75

**要注意人物！**
**ブラックデビル**

17 強い意志をもったこじか P19

## 自信家のリーダーだが穏やかで社交的

一見穏やかな印象を与える社交的な子どもですが、自分の意見には絶対的な自信をもっています。相手が大人でも同等の立場で接しようとするところがあり、精神年齢はかなり高いようです。友だちの間でも、いつの間にかリーダーシップを発揮してみんなをまとめます。自分にも他人にも厳しいので、ときどき心理的ストレスから情緒不安に陥ることがあります。そんなときは、母性的な愛情で包んであげましょう。

## 10年間の運気グラフ

●詳しい説明は120ページ！

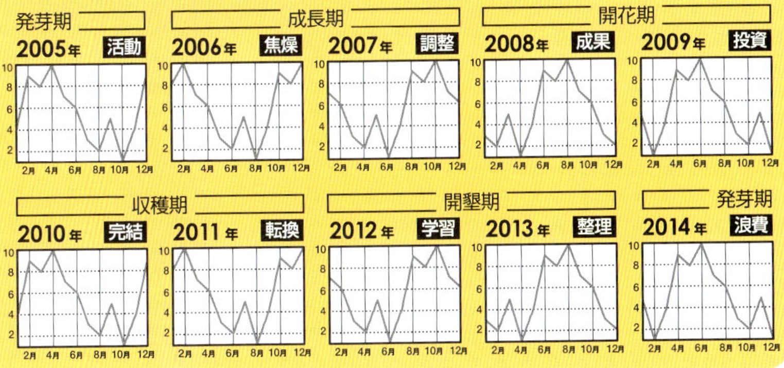


狼
こじか
猿
チータ
黒ひょう
ライオン
虎
たぬき
子守熊
ゾウ
ひつじ
ペガサス

# 57 感情的なライオン

➡P120
メタル 鉱脈

## 感情の波が激しいが面倒見のいい努力家

徹底的に努力して、物事をひとりでどんどん成しとげる強い意志をもった子どもです。普段は相手に気を使って自分を抑えていますが、時々感情を爆発させてワガママな自分をさらけ出します。機嫌のいいときと悪いときの落差が激しいので、扱いは難しいところがあります。年少者や弱いものを守る気持ちが強いので、友だちからは慕われます。でも、特に親しい友人の前では急に甘えん坊なところを見せてしまいます。

**感情的なライオンの有名人**

安倍なつみ
岩隈久志
川原亜矢子
妻夫木聡
福原愛
森田芳光

**最高の相性！**
**ホワイトエンジェル**

42 足腰の強いチータ P38

**要注意人物！**
**ブラックデビル**

12 人気者のゾウ P90

## 10年間の運気グラフ

●詳しい説明は120ページ！

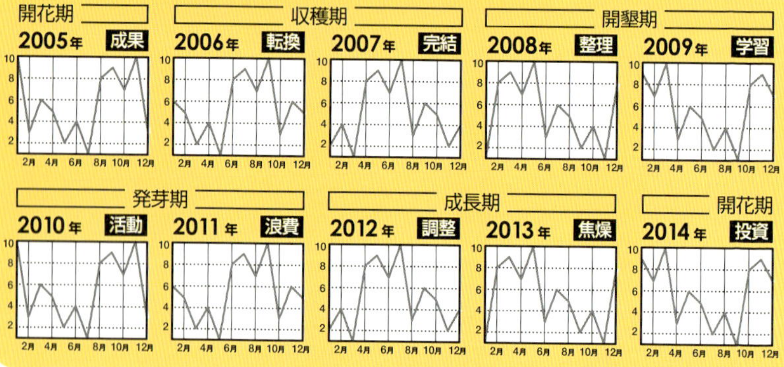

# 傷つきやすいライオン

➡P120
ジュエリー
宝石

### 傷つきやすいライオンの有名人

上川隆也
小泉純一郎
小谷実可子
中村紀洋
ジョディ・フォスター
トータス松本

**最高の相性！**
**ホワイトエンジェル**

53 感情豊かな黒ひょう P47

**要注意人物！**
**ブラックデビル**

23 無邪気なひつじ P100

## 堂々とした優等生だが内面は繊細

いつも堂々と振舞っている大人びた子どもです。人の目を気にするので、外では優等生ですが、家に帰ると別人のようにワガママになることがあります。内面的にはとても繊細なハートをもっていますので、何気ない一言で深く傷ついてしまうこともあります。理想が高いので、いつも現状には満足していません。上手にほめて育てることで、理想的な大人に近づいていきますので、叱る教育をしてはいけません。

## 10年間の運気グラフ

●詳しい説明は120ページ！

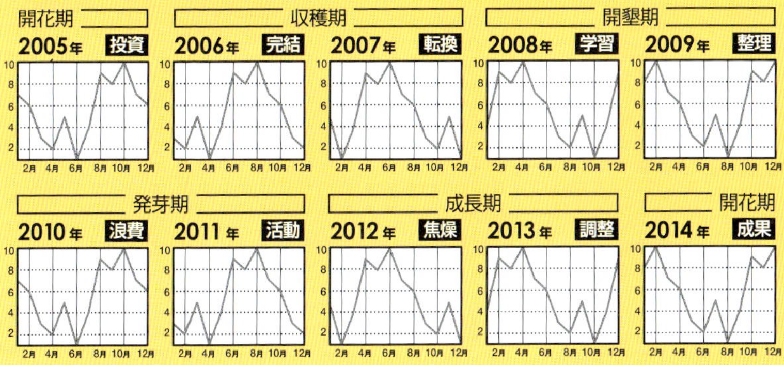


狼
こじか
猿
チータ
黒ひょう
ライオン
虎
たぬき
子守熊
ゾウ
ひつじ
ペガサス

# とら group グループ

## さりげなく計算高い

## 笑いながらキツイひとことを言う

## バランス感覚が抜群

## カラフルな色が好き

### Happy 子育てポイント

**1 言い方に気をつけて！**
話の中身より「言い方」にカチンときます。特に語尾に気をつけて。

**2 決断を急がせないで！**
決断に時間はかかりますが、決めると徹底的。気長に待ちましょう。

**3 本音で話して！**
会話はいつも本音で。もって回ったような言い方では納得しません。

➡P114 行動パターン 目標指向型
➡P116 心理ベクトル 過去回想型
➡P118 思考パターン 左脳型
➡P136 3分類 地球

男の子♂ 計画的に物事を進める自立心あふれる子

女の子♀ みんなに慕われるアネゴ肌の人情家

## 自分が正しいという思いこみ

## 自由・平等・博愛主義

## 器用貧乏で仕事が第一

## 面倒見がよく親分肌

虎は落ち着いてゆったりした雰囲気を持った子ども。謙虚でおとなしく見えますが、実は社交的で人の面倒見がよく、さりげなくリーダーシップをとれるタイプです。「私が、私が」としゃしゃり出ずに自分をアピールするのもうまく、相手をおだてたり甘えたりしながら好かれていきます。行動のバランスがいいので、見ていても安心感があります。しかしこうした行動の中には、人には気づかれないような計算が働いていて、甘えても意味がない相手には甘えないといったちゃっかりした一面もあります。

# とら group グループ

## 行動パターン

### 納得すれば即行動

「自分が行動する目的はなんだろう」などと、根本的なことを考えてしまうので、いざスタートとなってもなかなか前に進んでいきません。特に自分が未経験なことには慎重になります。

でも、「これはイケる」と気づけば、あっという間に行動を開始します。思い込みが激しいので、目的をやりとげる確率も高く、テンポは遅いものの、成果は確実に上がっていきます。

虎の行動力を伸ばすには、やることに対して、理念をきちんと説明してあげることです。

## ケンカ

### 笑いながらキツイひとこと

親分肌で優しい気持ちを持っていますが、思い込みが激しい分、相手のちょっとした言い方が気になります。そうなると、笑いながらもキツイひと言を相手に飛ばし、ケンカが始まってしまいます。お互いに憤慨し傷つき、決裂してしまうこともあります。

虎は人に対する気づかいはあるものの、深くお友だちを愛する気持ちをなかなか持てないのかもしれません。少しイヤなことを言われても許せる気持ちを育ててあげれば、無用の衝突もなく、もっと信頼される子になります。

## 好きなコト・得意なコト

**●自分の限界まで精一杯がんばって、成果を出す**
**●偉人の伝記や歴史ものの本を読む**
**●バランス感覚が抜群で片寄りがない**
**●ムダが嫌いでお金の管理もしっかりしている**
**●上下関係をしっかりと分けて組織をつくる**
**●数字や細かいことを几帳面にこなして間違いがない**
**●誰に対しても思っていることをハッキリ言うことができる**

お友だちや身近な人を大切にしますから、人とコミュニケーションをとりながら成果を出せるようなことを役割にすると、持ち前の力を発揮できます。

## 克服したいこと

### 一歩前に進む柔軟性を

バランス感覚がバツグンで、全体を見ながら意思決定をするのがとても上手です。しかしその反面、全体像がつかめないと一歩も進めない、即断即決ができないなどという欠点もあります。慎重さの裏返しなのでしょうが、どんな場合でも一歩前に進む精神力を養いたいですね。

一度納得すれば、思い込みが激しい性格なので突っ走れるのですが、思い込むまでが長いタイプです。少しずつ柔軟性を養うといいかもしれません。

## NGワード

### 「言われたら すぐやりなさい！」

虎は自分が納得しないとテコでも動きません。時間はかかりますが、納得した後の行動は誰よりも早いし、最後までやりとげます。

### 「バランスが悪いよね」

虎が最も気にするキーワードが、バランス。つまり、「バランスが悪い」というのは、最もカチンとくる批判なのです。

### 「おまえはね～」

虎は、「言い方」をとても気にします。子どもでも「おまえ」と言われるとムッとします。ちゃんと名前で呼んであげましょう。

## やる気を引き出す、魔法のコトバ

### 「これができたらスゴイよね！」

難しい課題も「やりとげれば自分の糧になる」と思えればやる気を出す子です。「これができたら、もっとスゴイ子になれるね」「期待しているよ」と応援をしながら、ゆっくり見守るのがポイント。急かしたり叱ったりは逆効果です。いつも精一杯がんばることで充実感を感じるタイプですから、熱中できるものを与えてあげましょう。

# 6 愛情あふれる虎

➡P120 フィールド 大地

### 愛情あふれる虎の有名人

秋元康
飯島直子
井ノ原快彦
江口洋介
加藤あい
宮村優子

**最高の相性！**
**ホワイトエンジェル**

21 落ち着きのあるペガサス P108

**要注意人物！**
**ブラックデビル**

51 我が道を行くライオン P54

## 正義感が強く社交的な人気者親分

明るく活発な印象の子どもです。社交的で行動力もあるので、誰からも好かれます。弱いものいじめが許せない親分肌なところがあり、リーダー的存在でまわりから慕われます。人見知りすることもなく、誰とでもすぐに仲良くなれます。プライドが高いので、頭ごなしに叱ってはいけません。キチンと納得しないと絶対に自分からは謝らない、とても正義感の強い博愛主義者なのです。

## 10年間の運気グラフ

●詳しい説明は120ページ！

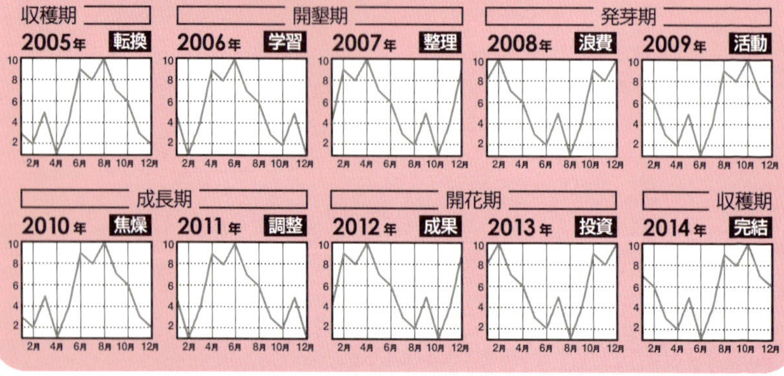

# 43 動きまわる虎

➡P120
サンシャイン 太陽

### 動きまわる虎の有名人

木梨憲武
国分太一
鈴木杏
MEGUMI
マルチナ・ヒンギス
中村七之助

**最高の相性！**
**ホワイトエンジェル**

8 磨き上げられたたぬき P73

**要注意人物！**
**ブラックデビル**

38 華やかなこじか P21

## 周囲から一目置かれる強運の持ち主

マイペースで、悠然とした雰囲気をもったしっかり者の子どもです。自分にも厳しいですが、相手にもそれを求め妥協を許しません。自分の考えを押し通そうとするガンコな一面を持っていますが、どんな相手にも誠心誠意尽くすので、周囲から一目置かれる存在になるでしょう。バランス感覚も抜群で、客観的に物事を判断する能力に長けています。整理整頓が得意で、親に世話をかけないがんばり屋さんです。強運の持ち主。

### 10年間の運気グラフ

●詳しい説明は120ページ！

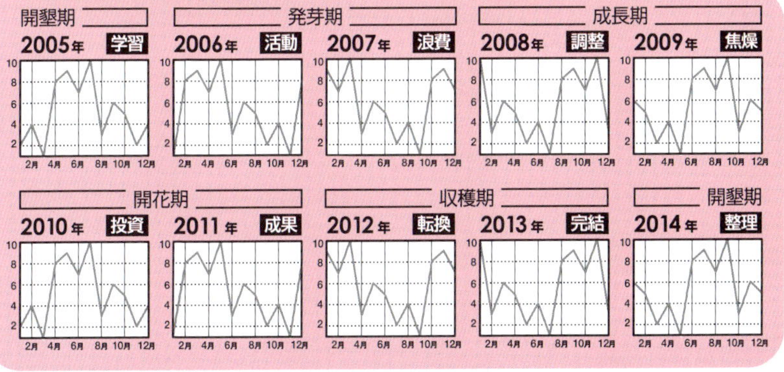


狼 こじか 猿 チータ 黒ひょう ライオン 虎 たぬき 子守熊《コアラ》 ゾウ ひつじ ペガサス

# 49 ゆったりとした悠然の虎

➡P120
オーシャン 海洋

### ゆったりとした悠然の虎の有名人

大竹まこと
杉山愛
ともさかりえ
原由子
東野圭吾
福山雅治

**最高の相性！**
**ホワイトエンジェル**

14 協調性のないひつじ P98

**要注意人物！**
**ブラックデビル**

44 情熱的な黒ひょう P45

## 一見近寄りがたいがホントは優しい人

元気一杯で人見知りしないおおらかな子どもです。大人にこびたりすることもなく、積極的に誰とでも付き合うので友だちは多くなります。一見近寄りがたい雰囲気を持っていますが、実は母性的で優しい人柄。頭の回転は速いのですが、あれこれ考えすぎて迷ってしまうことも。好き嫌いはハッキリしていて、言いたいこともストレートに表現します。ベタベタした人間関係は苦手なので、自立心を養うように育てて下さい。

## 10年間の運気グラフ

●詳しい説明は120ページ！

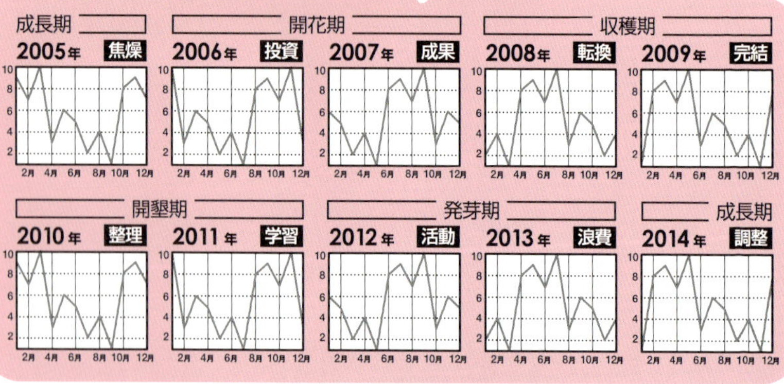

# 54 楽天的な虎

➡P120
キャンドル 灯火

### 楽天的な虎の有名人

- 哀川翔
- ウォルト・ディズニー
- 大貫亜美
- 山口紗弥加
- 中村俊輔
- 持田真樹

**最高の相性！**
**ホワイトエンジェル**

9 大きな志をもった猿 P27

**要注意人物！**
**ブラックデビル**

39 夢とロマンの子守熊 P84

## 人を疑うことを知らない素直な楽天家

誰とでも平等に付き合うことができる子ども。とても素直で、人を疑うことを知りません。でも、自分の思い通りにならないときなどは、スネて親を困らせることもあります。楽天的な性格から、友だちからの相談や頼まれ事も多くなるでしょう。明確な目標を与えてあげると、驚くほどの集中力で何事も成し遂げてしまいます。ひとり遊びも平気なので、興味をひく物があれば何時間でもひとりで過ごせます。

### 10年間の運気グラフ

●詳しい説明は120ページ！

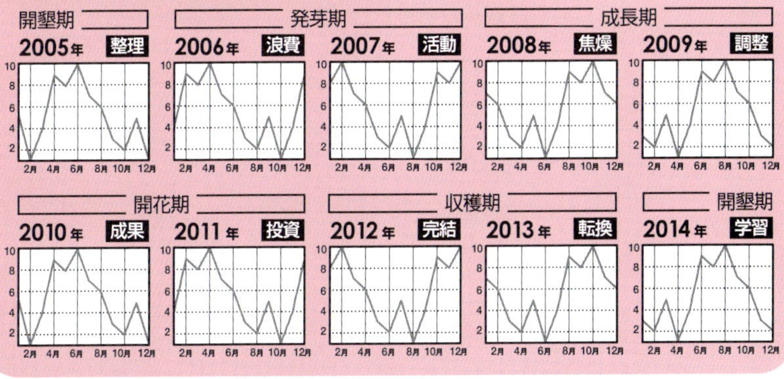

➡P120 マウンテン 山岳

## パワフルな虎の有名人

内山理名
坂口憲二
新庄剛志
田口ランディ
知念里奈
みのもんた

**最高の相性！**
**ホワイトエンジェル**

20 物静かなひつじ P99

**要注意人物！**
**ブラックデビル**

50 落ち込みの激しい黒ひょう P46

## 親分肌で面倒見のいい正義感の人

子どもの頃から自分をしっかり持っているので、大人びて見られます。成長するにしたがって本来の社交性を発揮して、親分肌のリーダーとして周囲から頼られる存在となります。生まれついての自信家で、負けん気の強さはピカイチです。だから、他人から指図や意見されるのが大嫌い。何でも自分でやってしまおうと努力します。正義感が強いので、弱い者をみると放ってはおけない面倒見のよさを持っています。

## 10年間の運気グラフ

●詳しい説明は120ページ！

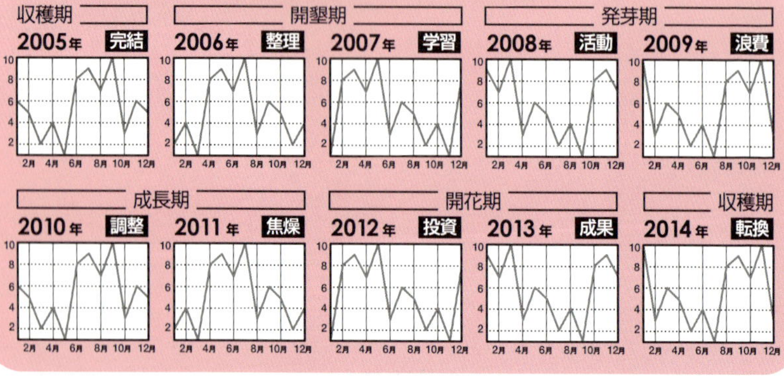

# 慈悲深い虎

➡P120
レインドロップ
雨露

### 慈悲深い虎の有名人
明石家さんま
桑田佳祐
鈴木亜美
畑正憲
松雪泰子
柳美里

**最高の相性！**
**ホワイトエンジェル**

15 どっしりとした猿 P28

**要注意人物！**
**ブラックデビル**

45 サービス精神旺盛な子守熊 P85

## 金銭感覚にすぐれた温和な人気者

細かな気づかいができるので交際範囲が広く、特に年上の人にかわいがられる子です。慈悲深く温和な性格は、周囲をホッとさせてくれるので自然と人気者になります。いつもきちんとしていたいので、計画性のある生活を送ります。反対に臨機応変の対応は苦手なので、予定変更や思い付きの行動はストレスになります。金銭感覚は抜群ですが、理想と現実のギャップが大きくなるとヤケになることもあります。

## 10年間の運気グラフ

●詳しい説明は120ページ！

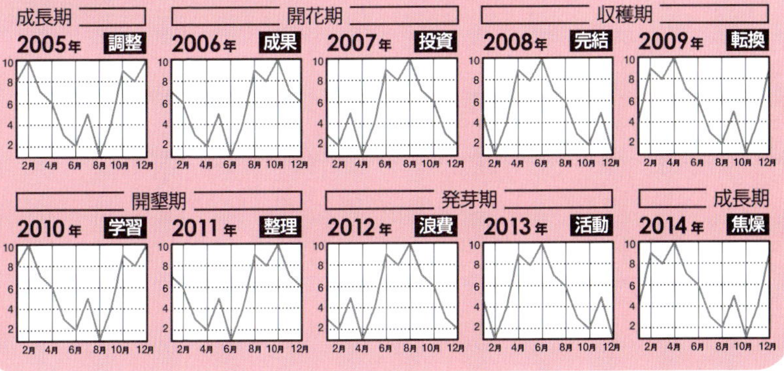




狼
こじか
猿
チータ
黒ひょう
ライオン
虎
たぬき
子守熊《コアラ》
ゾウ
ひつじ
ペガサス

# たぬきグループ group

## 年上からかわいがられる

## 根拠のない自信がある

## 天然ボケの人が多い

### Happy子育てポイント

**1 強制しないで！**

心優しい反面、頑固なところも。本人の気持ちを優先してあげましょう。

**2 忘れ物のチェックをしてあげて！**

返事はいいのですが、後回しにするので忘れ物が多くなってしまいます。

**3 上手に聞き出してあげて！**

なかなか本心を表現できないので、聞き出してあげる姿勢が大事です。

➡P114 行動パターン 状況対応型
➡P116 心理ベクトル 過去回想型
➡P118 思考パターン 左脳型
➡P136 3分類 月

**男の子** ♂ おっとりタイプで人間関係の潤滑油的存在

**女の子** ♀ 控えめな存在でも芯の強いしっかり者

## 古いものが好き

## 物忘れがはげしい

## 返事だけはいい

## こじつけ、ごろ合わせが好き

## 究極の逸品に弱い

**天** 真爛漫でゆったりとした穏やかな子です。友だちからも好かれて頼りにされるでしょう。ただ、たぬきなだけに、いろいろな顔が見え隠れします。大胆な反面、堅実で従順な態度を見せたり、自由奔放に見えて、実は心配性だったり。どれが本当の姿なのかと思いますが、実はそのすべてがお子さんの本質で、相手に合わせて自分の見せ方を変えたりするのが得意なのです。それでも、頑固なところがありますから「はい、はい」と言いながら、結局マイペースに事を進めるタイプでもあります。

# たぬき group グループ

## 行動パターン

### マイペース

何事も経験と実績を重んじるたぬきだけに、初めてのことをやるのはちょっと苦手。なかなか行動に移せないことが多いでしょう。しかし、伝統やマナーを重んじる礼儀正しい子ですから、大人が経験を踏まえて順序立ててやり方を説明すれば、じっと聞いてマスターできます。

もともと行動のスピードは遅いほうで、スタートするまでに時間がかかりますが、一度納得すればマイペースで進んでいきます。自分で考える力を養いながら、前進させてあげてください。

## ケンカ

### 自分は悪くない

たぬきにとって一番大事なのは自分の世界。ケンカをしかけるほうではありませんが、自分の予定を邪魔されたり、変更させられると大きなストレスになり、ケンカになってしまいます。

こういうときは「自分は悪くない」と思っているので、叱っても効果がありません。「あやまりなさい」と言われても、「ごめん」と言いながら心の中で舌を出していることもあります。もともとは優しい子ですから、「あなたが悪くなくても、相手を傷つけちゃダメだよ」と諭してあげましょう。

## 好きなコト・得意なコト

- 「和」を大切にするのでケンカの仲裁をする
- 期限に追いつめられると底力を発揮する
- 伝統やしきたり、歴史や文化を愛する典型的な日本人
- 足りないときのリスクを考えるので、何でも多めに用意する
- いつも全体の調和を考えてから行動する
- 「はい、わかりました！」と返事がとてもいい
- こじつけや語呂合わせが得意

たぬきは古いものや確かな品質のものが好き。他の子がやっているから自分もやりたくなるということはありません。自分なりの夢を見つけられるよう導いてあげましょう。

## 克服したいこと

# ごまかさない

マイペースでほのぼのとした性格が、たぬきの子どものかわいらしいところです。ところが、どうも忘れ物が多いという弱点があります。また、そうしたウイークポイントをつかれて不利になると、人の話を自分のことのように語ってごまかしたり、返事だけ「はい、はい」と言って逃げてしまったりということもあります。

自分の弱点を素直にしっかりと見つめ、ごまかさずに少しずつ克服していくことも、教えてあげたいですね。

## NGワード

### 「また忘れ物したの！」

本人は悪気はないのですが、忘れ物が多いのが特徴。さりげなくチェックしてあげましょう。

### 「ちゃんと用意はできてる？」

頭の中ではすべて準備万端なのですが、実際に行動に移すのは直前。追い込まれないとエンジンがかからないので、長い目で見てあげてください。

### 「黙って食べなさい！」

黙ってご飯を食べてると、叱られてるみたいで食事ものどを通りません。やや注意力散漫なので、こぼすのも大目に見てあげて。

## やる気を引き出す、魔法のコトバ

# 「あとひとがんばり！」

思い込んだことには驚くほどの集中力を発揮しますので、「これって大事ね」「これは後回しでもいいかも」と、優先順位をさりげなく教えてあげると成果が出るでしょう。ただ、最後のツメが甘いのが玉にキズ。追い込みに入ってきたら「あと30分でやっちゃおうね」「あとひとがんばりできたらスゴイよ」と後押しを。

# 2 社交家のたぬき

➡P120
サンフラワー
草花

**社交家のたぬきの有名人**

安藤政信
後藤真希
ジュリア・ロバーツ
舘ひろし
林家いっ平
綿矢りさ

**最高の相性！**
**ホワイトエンジェル**

37 まっしぐらに突き進むゾウ P93

**要注意人物！**
**ブラックデビル**

7 全力疾走するチータ P37

## 人当たりのいいちょっと古風な社交家

いつもニコニコして人当たりのいい子どもです。自分の意見よりも相手の意見を優先して行動するなど自制心が強く、あまり自分を出しません。何を考えているのかわからないところもありますが、八方美人的な気配りで社交性を発揮します。古いものや伝統のあるものに興味を持ち、時代劇や相撲などが大好き。いつもお母さんにそばにいてほしいと思っていますので、優しく接してあげて下さい。

## 10年間の運気グラフ

●詳しい説明は120ページ！

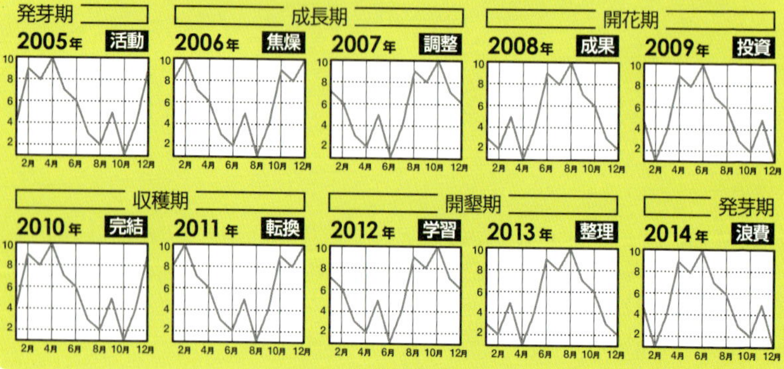

# 8 磨き上げられたたぬき

➡P120
ジュエリー 宝石

### 磨き上げられたたぬきの有名人

安住紳一郎
北川悠仁
スティーブン・スピルバーグ
長谷川理恵
hiro
優香

**最高の相性！**
**ホワイトエンジェル**

43 動きまわる虎 P63

**要注意人物！**
**ブラックデビル**

13 ネアカの狼 P8

## 対人関係に強い気配りの努力家

誰に対しても愛想がよく、イヤなことがあっても顔に出さない控えめな子どもです。大人の気持ちを察するのが上手いので、年配の人からかわいがられます。プライドが高いので、周囲から認められるとよりがんばろうと努力します。片付けや整頓は苦手ですが、人と接する能力はずば抜けています。伝統と秩序を重んじる古風なところがありますが、忘れ物が多いので、出かける前には必ず持ち物チェックが必要かも。

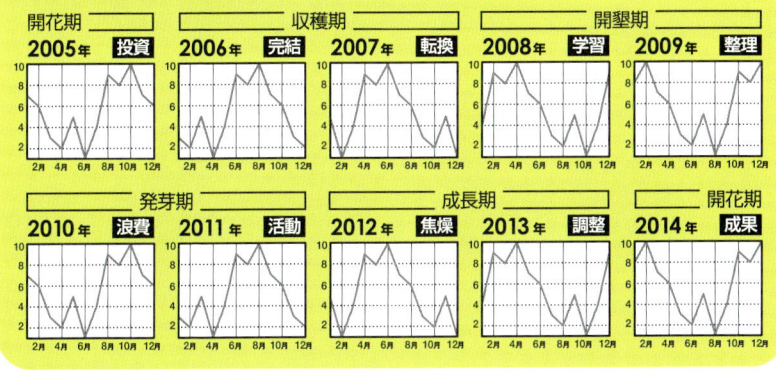

## 10年間の運気グラフ

●詳しい説明は120ページ！

開花期 ／ 収穫期 ／ 開墾期

**2005年** 投資

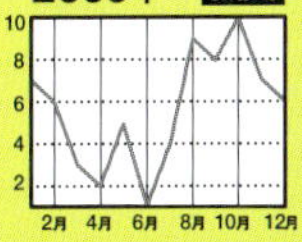

**2006年** 完結

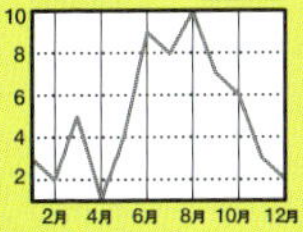

**2007年** 転換

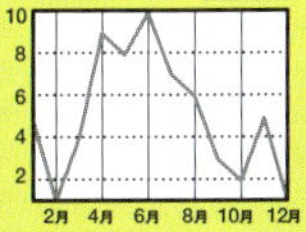

**2008年** 学習

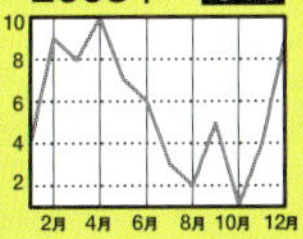

**2009年** 整理

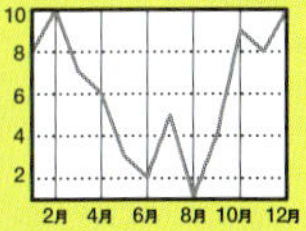

発芽期 ／ 成長期 ／ 開花期

**2010年** 浪費

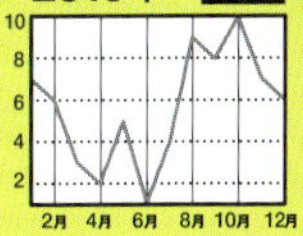

**2011年** 活動

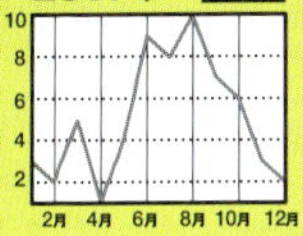

**2012年** 焦燥

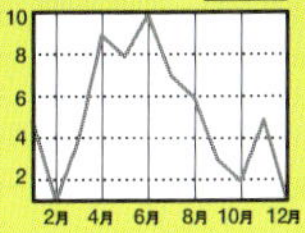

**2013年** 調整

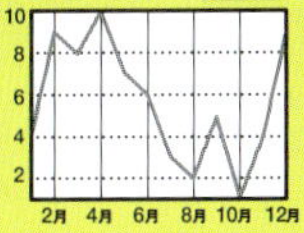

**2014年** 成果

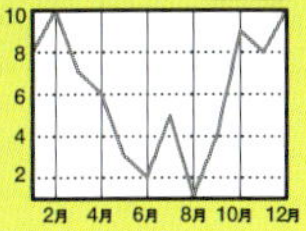

# 41 大器晩成のたぬき

➡P120 ビッグツリー 大樹

### 大器晩成のたぬきの有名人

金子賢
小雪
竹内結子
谷川俊太郎
トビー・マグワイア
中山史奈

### 最高の相性！ ホワイトエンジェル

46 守りの猿 P31

### 要注意人物！ ブラックデビル

16 コアラのなかの子守熊 P82

## 家族の時間を大切にするみんなの人気者

愛嬌があり、誰からも好感をもたれる子どもです。親の言うこともよく聞き、期待に応えようと一生懸命なけなげなタイプ。相手の気持ちを気にしすぎて、いつも自分の感情を抑えているので、精神的に疲れてしまいます。また、あまり計画性がないので、スケジュール通りの行動は苦手です。家族の団らんがなによりのごほうびですから、子どものとりとめのない話を聞きながら穏やかな時間を過ごしてあげて下さい。

## 10年間の運気グラフ

●詳しい説明は120ページ！

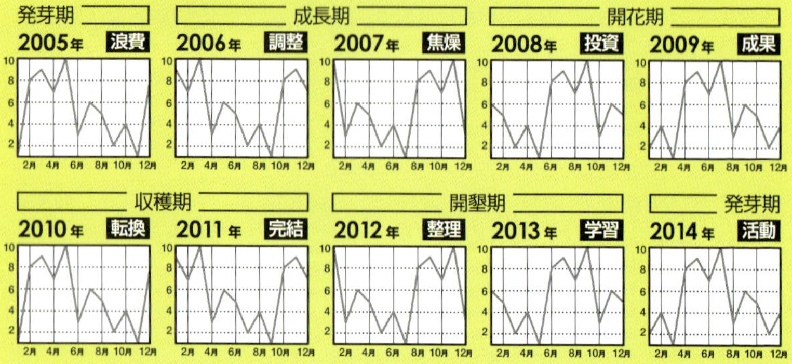

# 47 人間味あふれるたぬき

➡P120

鉱脈《メタル》

人間味あふれるたぬきの有名人

上村愛子
タイガー・ウッズ
TAKURO
羽生善治
山瀬まみ
YOU

最高の相性！
ホワイトエンジェル

52 統率力のあるライオン P55

要注意人物！
ブラックデビル

22 強靱な翼をもつペガサス P109

## 逆境に強く場をなごませる天才

礼儀正しく外では模範的な子どもです。みんなのまとめ役として信頼を集めます。逆境に強く、少々のことではへこたれない、人間関係の潤滑油的存在。その場をなごませてしまう不思議な才能があります。個人プレイは苦手で、集団の中で能力を発揮します。あまり本音を言わないので、何を考えているのかわからないところがありますが、自分を犠牲にしてでも相手が喜んでくれることをしたいと思っています。

## 10年間の運気グラフ

●詳しい説明は120ページ！

開花期　収穫期　開墾期

2005年 成果

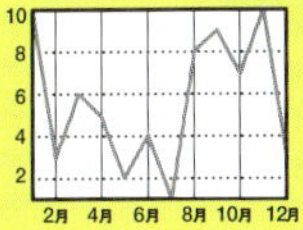

2006年 転換

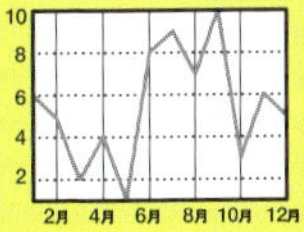

2007年 完結

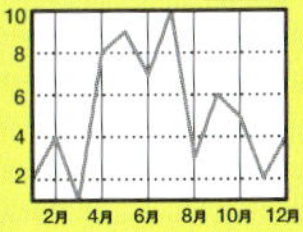

2008年 整理

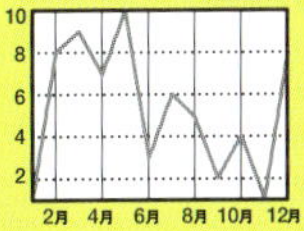

2009年 学習

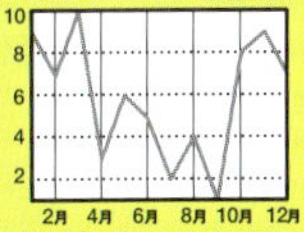

発芽期　成長期　開花期

2010年 活動

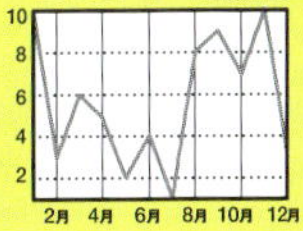

2011年 浪費

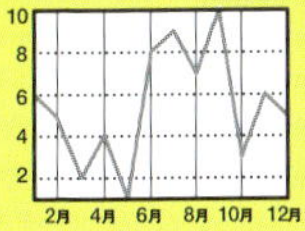

2012年 調整

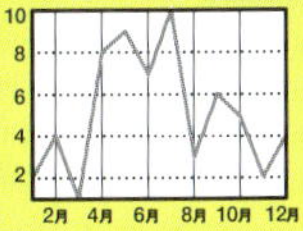

2013年 焦燥

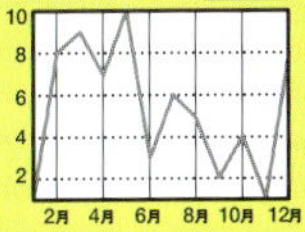

2014年 投資

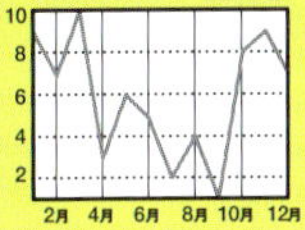

# コアラ group グループ

## 計算高く、疑り深い

ウソがばれたときの
**言い訳が上手い**

あとからあれこれ
**悔やむ**

## 一見おとなしい人が多い

### Happy 子育てポイント

**1 健康管理をキチンとしてあげて!**

小さい頃は身体の弱い子が多いので、お医者さんが不可欠。

**2 昼寝をさせてあげて!**

夜は強いけど朝弱いので、昼寝をちゃんとさせましょう。

**3 やんちゃは大目に見て!**

サービス精神旺盛なので、来客があると俄然張り切ってしまいます。

**男の子** ♂ サービス精神旺盛ないたずら好きの人気者

**女の子** ♀ 心配性だが空想好きなロマンチスト

## ボーっとしている時間が必要

## 負ける勝負はしない

## 最悪のケースを考えてから行動

## サービス精神旺盛

見おっとりして見えますが、周囲を見ながらさりげなく自分らしくふるまうことができる子です。ボーっとしているのが気になるかもしれませんが、ゆっくり休む時間がないと次の活動ができないタイプなのです。意外に競争心が強く負けず嫌いの一面もあり、自分の弱みは見せませんが、困った人を見過ごせない世話好きで、情に厚いところがあります。実現しそうもない夢を見るロマンチストでもありますが、メリット、デメリットを瞬時に見極めるカンを持っていて、石橋を叩いて渡る堅実な子です。

# コアラ group グループ

## 行動パターン

### 淡々と成果を出す

ゆっくり休んで「さあ、そろそろ行動しよう」というときはすぐに取り組んでやり始めます。淡々とやっているようで実は計算高く、決して負ける勝負はしないため、行動の成果も、周囲の大人に評価されます。

競争になると他の子を出し抜いてでも勝ちにいきますが、意外に本人はあとで悔やむことが多く、自分では結果に満足していないことも。しょんぼりしているようなら「がんばったじゃない」「ちゃんとできてるわよ」と、ほめながらなぐさめてあげましょう。

## ケンカ

### 負けるのが大嫌い

子守熊は自分からケンカをしかけるタイプではありませんが、意外に競争意識が強く、負けるのが大嫌い。ときには人を出し抜いてでも勝とうとするため、摩擦を起こしてしまうこともあります。しかも言い訳が上手いため、さらに反感を買うこともあるでしょう。

子どもたちの社会でうまくやっていくためにも「ズルいことをして勝ってもしょうがないんだよ。勝てなくても、一生懸命やったほうがエライよ」などと教えてあげてください。

## 好きなコト・得意なコト

- 常に長期的に物事をとらえることができる
- 感情の表現や動きを必要とする芸術的なこと
- 物を大事にするので、与えられた物をいつまでも使い続けられる
- 大きな夢を思い描いて、その夢を実現するためにがんばる
- ムダを省いて効率よく成果を出す
- お風呂など、リラックスできる空間でボーっとする
- サービス精神が旺盛で、人に喜んでもらう

勝ち負けを気にし、いい結果のために努力する子ですから、お稽古ごとなども一生懸命に練習します。満足感を得られるような場を与えてあげるといいですね。

## 克服したいこと

# クヨクヨと後悔

いつも最悪のケースを考えながら物事に取り組むという、大変慎重な子です。ところが、考えに考え抜いたことでも、いざやったあとになってから「こうしたらよかった」などと、後悔することもよくあります。

子守熊の短所は、クヨクヨしすぎることと、そのわりには自己肯定のためにウソをつくことです。もう少し楽観的に物事に取り組めるよう、そして結果に肯定的に向き合えるよう、しっかり励ましてあげましょう。

## NGワード

### 「何、ボーっとしてるの！」

ボーっとする時間がないとがんばれない子守熊にとって、ボーっとするのは必要不可欠な至福の時なのです。

### 「テキパキと行動しなさい！」

子守熊はすぐにエンジンがかかりません。スタートするのに少し時間がかかりますが、最後には帳尻を合わせますのでご安心を。

### 「寝てばっかりいないで！」

睡眠時間が足りないと、子守熊は病気になります。むしろ、寝ることを奨励してください。また、大声で怒鳴るのはタブーです。

## やる気を引き出す、魔法のコトバ

# 「もう少しよ、がんばって！」

もともと自分のことは自分でやりたい子なので、子どもの夢やロマンに口をはさまずに、大人は見守りながら励ましてあげましょう。壁にぶつかってスムーズに行かないときは「がんばって」「もう少しよ」という愛情のこもった励ましの言葉が有効です。もし、行き詰まってしまったら現状を打破する方法を教えてあげてください。

# 4 フットワークの軽い子守熊《コアラ》

➡P120
キャンドル 灯火

### フットワークの軽い子守熊の有名人

浅野忠信
太田光
岡村孝子
永作博美
ハリソン・フォード
松坂慶子

**最高の相性！**
**ホワイトエンジェル**

59 束縛を嫌う黒ひょう P49

**要注意人物！**
**ブラックデビル**

29 チャレンジ精神の旺盛なひつじ P102

## 自分の夢を大切にする活動派

自分の夢に向かって長期的な展望に立ってのぞむロマンチストな子どもです。フットワークは軽く、せっかちで落ち着きがありませんが、自分のくつろげる時間がないとストレスをためてしまいます。金銭感覚も備わっており、無駄遣いや衝動買いはしません。あまり自分の世界にばかり閉じこもっていると「オタク」的になってしまうので、バランスが大切です。夜遅くまで起きていることがあるので、昼寝は不可欠です。

## 10年間の運気グラフ

●詳しい説明は120ページ！

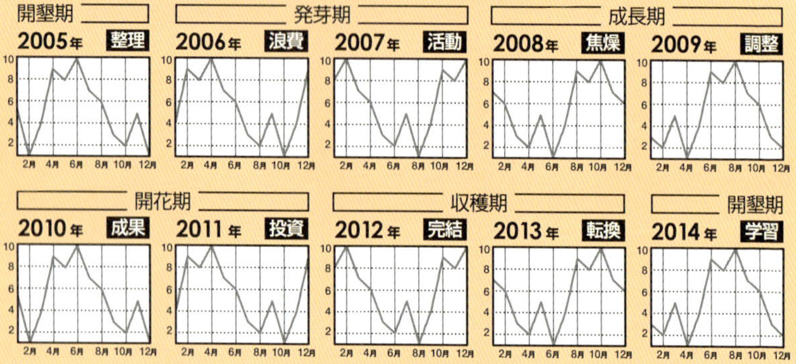

# 10 母性豊かな子守熊《コアラ》

➡P120
レインドロップ
雨露

### 母性豊かな子守熊の有名人

神田うの
織田信成
樹木希林
真田広之
富田靖子
長瀬智也

**最高の相性！**
**ホワイトエンジェル**

5 面倒見のいい黒ひょう P44

**要注意人物！**
**ブラックデビル**

35 頼られると嬉しいひつじ P103

## 自尊心は強いが世話好きな保守派

母性豊かで面倒見のいい世話好きな子どもです。自尊心が強いので、プライドを傷つけられると怒り出して手がつけられないことも。感情に波があり、いいときとそうでないときのギャップが大きいのが特徴です。基本的には疑り深いので、いい話ばかりしている人のことは信用しません。考え方は保守的で、石橋を叩いて渡る慎重さが信条。周囲に他人がいないときには、甘えん坊な一面が顔をのぞかせます。

## 10年間の運気グラフ

●詳しい説明は120ページ！

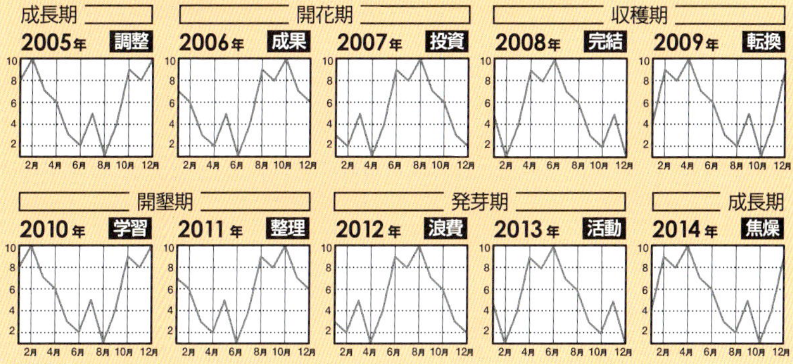




狼 こじか 猿 チータ 黒ひょう ライオン 虎 たぬき 子守熊 ゾウ ひつじ ペガサス

# 16 コアラのなかの子守熊《コアラ》

フィールド 大地
➡P120

## コアラのなかの子守熊の有名人

岩崎ひろみ
岸谷五朗
中田英寿
ブルース・ウィリス
真矢みき
米倉涼子

**最高の相性！**
**ホワイトエンジェル**

11 正直なこじか P18

**要注意人物！**
**ブラックデビル**

41 大器晩成のたぬき P74

## 臆病なわりに楽天的な気まぐれ屋

スタートダッシュは苦手ですが、最後に笑うのは自分だと思っているので、いつも長期的に物事を考えることのできる子ども。臆病なわりに楽天家なので、気分によって行動する気まぐれさもあります。カンがよく、何でもすぐにコツを飲み込んで大人をビックリさせます。金銭には細かくて、損をしない人生を歩みます。好き嫌いが激しいので、親を手こずらせることもしばしばですが、大きな声で叱るのは逆効果です。

## 10年間の運気グラフ

●詳しい説明は120ページ！

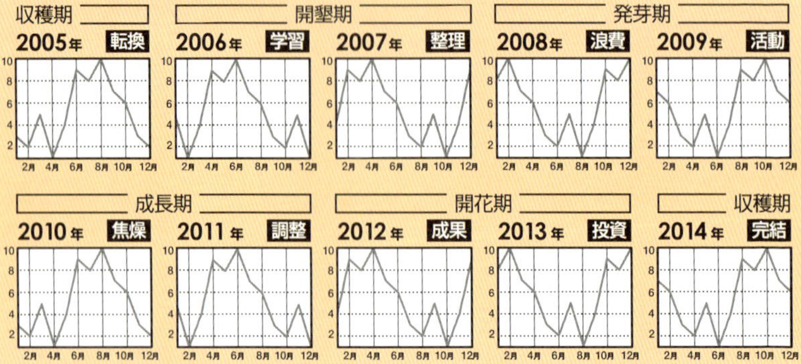

# 33 活動的な子守熊《コアラ》

➡P120
太陽《サンシャイン》

### 活動的な子守熊の有名人

沢口靖子
柴田理恵
鳥山明
中山秀征
原田知世
ユースケ・サンタマリア

**最高の相性！**
**ホワイトエンジェル**

18 デリケートなゾウ P91

**要注意人物！**
**ブラックデビル**

48 品格のあるチータ P39

## 打算も忘れないしっかりした人情派

ひょうきんに見えますが、とても神経質で敏感な心をもった子ども。涙もろい人情派ですが、打算が優先する大人びたところもあります。熱しやすく冷めやすいので、継続力が身に付けば誰にも負けない人生を歩むでしょう。ロマンチックな面と現実主義の二面性を持ち、つかみどころがありません。外では活発な反面、家ではゴロゴロしていることが多いですが、空想の世界にひたっているので叱ってはいけません。

## 10年間の運気グラフ

●詳しい説明は120ページ！

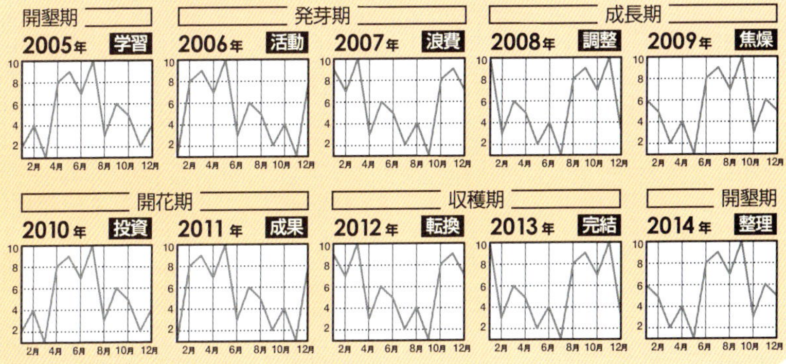




狼
こじか
猿
チータ
黒ひょう
ライオン
虎
たぬき
子守熊《コアラ》
ゾウ
ひつじ
ペガサス

# 39 夢とロマンの子守熊《コアラ》

➡P120 オーシャン 海洋

### 夢とロマンの子守熊の有名人

阿部寛
上原多香子
高原直泰
コシノヒロコ
トム・クルーズ
渡辺満里奈

### 最高の相性！ ホワイトエンジェル

24 クリエイティブな狼 P10

### 要注意人物！ ブラックデビル

54 楽天的な虎 P65

## 感情の起伏がやや激しい社交家

あっさりとした性格で、社交家の子どもです。夢見るロマンチストで、常に将来の自分を思い描いていますが、現実離れした考え方に周囲が振り回されてしまうこともあります。感受性豊かで独特な発想をする個性派で、やや感情の起伏が激しいタイプですね。スローペースですが、負けず嫌いなので、何でも計画的に行動します。せかしてあれこれ指図すると、急にヤル気をなくすので長い目で見てあげて下さい。

## 10年間の運気グラフ

●詳しい説明は120ページ！

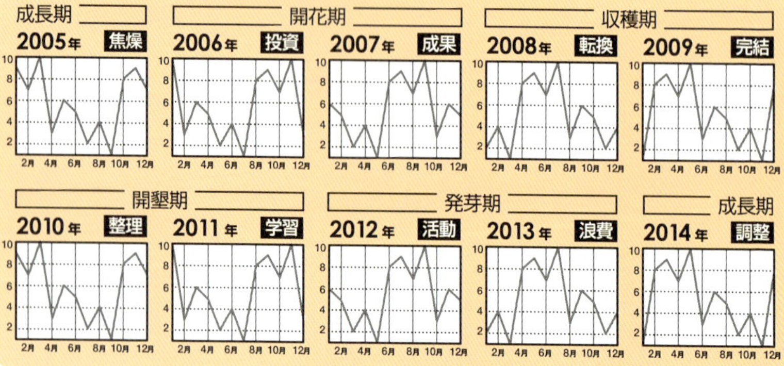

# 45 サービス精神旺盛な子守熊《コアラ》

## サービス精神旺盛な子守熊の有名人

- 北島康介
- 木村拓哉
- 小室哲哉
- 斉藤慶子
- 倍賞千恵子
- 矢口真里

**最高の相性！**
**ホワイトエンジェル**

30 順応性のある狼 P12

**要注意人物！**
**ブラックデビル**

60 慈悲深い虎 P67

## 穏やかな人間関係を保てる人格者

親しみやすく愛嬌のある子ども。直感力に優れ、美的感覚にあふれたロマンチストです。穏やかな人間関係を保つために旺盛なサービス精神を発揮するため、八方美人と見られがちですが、内心は反骨精神の塊で、筋が通らないことは相手が大人でも容赦しません。霊感があり、目に見えないことが見えたり感じたりするので、ときどき周囲から孤立することも。のんびり育てて素質を伸ばしてあげましょう。

## 10年間の運気グラフ

●詳しい説明は120ページ！

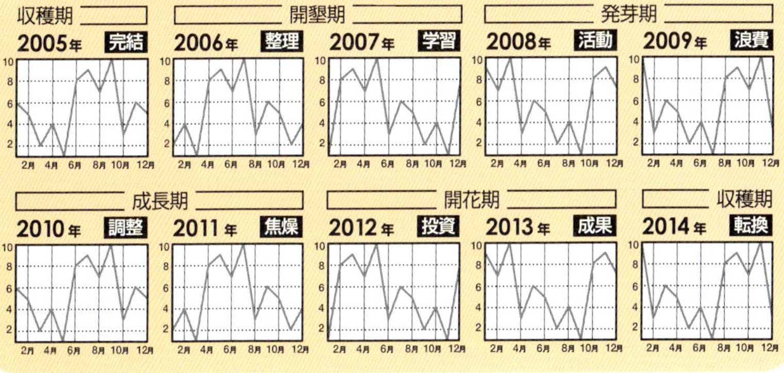


狼
こじか
猿
チータ
黒ひょう
ライオン
虎
たぬき
子守熊《コアラ》
ゾウ
ひつじ
ペガサス

# ゾウ group グループ

## その道の プロをめざす

キレたときは **最もこわい**

**努力**してる姿を **見られたくない**

**ダメだと**思ったものには **挑まない**

### Happy 子育てポイント

**1 待たせないで！**

思い立ったが吉日のようなタイプ。「今すぐ」がキーワードです。

**2 無理に聞かせてもダメ！**

人の話を聞いてなくても叱らないで。聞かせるときは小声で話すのがコツ。

**3 話を否定しないで！**

夢が大きいので、現実的じゃない話も否定せずに聞いてあげましょう。

➡P114 行動パターン 状況対応型
➡P116 心理ベクトル 過去回想型
➡P118 思考パターン 右脳型
➡P136 3分類 太陽



**男の子** ♂ 小さなことにはこだわらないビッグな子

**女の子** ♀ 繊細な感性を持った世話好きな努力家

## 人の話を聞かない

## 根回しが得意

## 細かい計算ができない

## 常になにかに打ち込んでいたい

不言実行、やると決めたら真面目にコツコツ、最後までやりとげる頼もしさがあり、何かに秀でるためには努力を惜しみません。それも、人の指示で動くのではなく、自分で計画を立て、自分を信じてがんばるタイプ。妥協や甘えがないので、融通がきかないと思われがちですが、世話好きで涙もろい一面もあります。クールで理屈っぽい印象なのに、話し始めると意外に話が大きかったりして、どこかホットで味わい深い。ちょっと人見知りではありますが、付き合うほどに人間的なよさが見えてくる子です。

# ゾウ group グループ

## 行動パターン

### やりとげるまでやる

一見のんびりでも、やり始めるとどんどんスピードを増して成果をあげます。やりとげるまで打ち込むので「体がもつかしら」と心配になるほどです。しかし、「これならやれる」と見込めることしかしませんので、途中で投げ出すようなことはありません。細かい計算をしたり、途中で心配になってやり直したりということもしないので、周囲が思うほど苦にもしていません。

ただ、人に相談や報告をしないので、目的から遠く離れてしまうことも。その点は要注意です。

## ケンカ

### 怒りのパワーはピカイチ

ゾウがケンカをするのは、自分の目的をじゃまをされたとき。目的を全うするためには、ケンカをしてでも突き進むのです。そんなときは「どっちが悪い」ということより、ケンカの原因をきちんと探ってあげることが大切です。

キレたときのゾウの怒りはかなり激しく、大人も手がつけられません。ときには相手を傷つけてしまう場合もあります。「怒る理由は正当だけれど、相手を傷つけてはいけないね」と、周囲を見ながら行動する習慣を少しずつつけてあげましょう。

## 好きなコト・得意なコト

- **自慢できるようなスケールの大きなことをなしとげる**
- **今日やるべき事は何が何でも今日のうちに片づけることができる**
- **自分の感性に響いたことを世の中に広めていく**
- **人をたくさん集めて、権威と力のある組織をつくっていく**
- **一言聞けば、相手の言いたい事を理解できる**
- **人に尽くすことで自分自身を大きく成長させる**
- **ひとつのことを突き詰めて考え、研究したり分析したりする**

人から感心されたり、注目を浴びたりするのが大好き。もともとプロ意識が高い子なので、こうした才能の中から、職業につながる道を見つけられればいいですね。

## 克服したいこと

# まわりを見回す

ゾウは独立独歩、とてもしっかりとしています。ところが、人の話に耳を傾けない・個人プレーが多いという欠点があります。あまり自分勝手に突き進みすぎると、周囲との摩擦はさけられませんので、たまにはまわりを見回すように、大人が仕向けてあげましょう。

　また、一度怒ってしまうと、いわゆる「キレる」状態になってしまいます。そうなると、自分で自分をコントロールできなくなってしまうので、注意してあげることが大切です。

## NGワード

### 「ちゃんと話、聞いてるの？」

必要なことは、ちゃんと耳に入っています。長い話をじっと聞いているのが苦手なので、ポイントを一言で伝えてあげましょう。

### 「もっと努力しなさい！」

ゾウは、他人の見ていないところで努力するのが大好き。本当は誰よりも努力家なので、あえて努力という言葉は不要です。

### 「しばらく待っててね」

ゾウは待つのが大の苦手です。「今すぐ行くからね！」と安心させてあげましょう。その言葉を聞くだけで待てるから不思議です。

## やる気を引き出す、魔法のコトバ

# 「すごかったね！　努力したね！」

やり始めたらすごい集中力でやり遂げます。「すごいね、よくここまで努力したね」と心からほめてあげましょう。ほめ言葉が最大の評価になります。また、壁に突き当たってしまうと前に進めなくなる傾向があります。こんなときには突き放さないで、もう一度順序を説明し、今やるべきことに気づかせてあげるといいでしょう。

# 12 人気者のゾウ

➡P120 サンフラワー 草花

## みんなから頼られるガンコな自信家

ガンコな性格ですが、人見知りせず何に対しても積極的に取り組むなど、年齢の割には大人っぽい子ども。ずば抜けた集中力で遊びも勉強も熱心、自然と周囲の注目を集め、頼られる存在として人気者になります。中途半端な妥協ができず、いつも完璧を目指しているので疲れてしまいます。自信過剰になると他人の話をまったく聞かなくなり、周りが見えなくなりますが、おおらかに育てるとスゴイ子どもになります。

**人気者のゾウの有名人**

石田純一
石塚英彦
稲葉浩志
高島礼子
一青窈
松任谷由実

**最高の相性！**
**ホワイトエンジェル**

27 波乱に満ちたペガサス P110

**要注意人物！**
**ブラックデビル**

57 感情的なライオン P56

### 10年間の運気グラフ

●詳しい説明は120ページ！

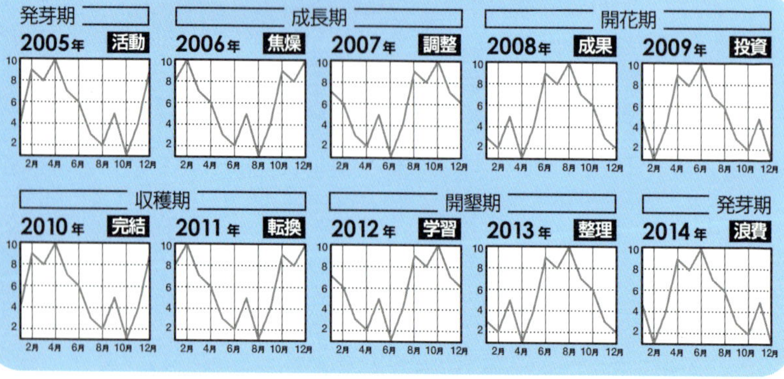

# 18 デリケートなゾウ

➡P120
ジュエリー
宝石

### デリケートなゾウの有名人

篠原涼子
中居正広
武蔵
矢部浩之
吉永小百合
渡部絵美

**最高の相性！**
**ホワイトエンジェル**

33 活動的な子守熊 P83

**要注意人物！**
**ブラックデビル**

3 落ち着きのない猿 P26

## 風格がありつつも内面はデリケート

どっしりとした風格を感じさせる子どもですが、内面は神経質でとてもデリケートなハートの持ち主。先生の言うことをよく聞くがんばり屋さんの反面、プライドの高さから短気なところがあるので、キレたら手がつけられません。束縛される環境は苦手なので、自由にのびのびと放任主義で育てましょう。向学心が旺盛なので、興味をもったらとことん納得するまで取り組む努力家です。考える前にまず行動するタイプ。

## 10年間の運気グラフ

●詳しい説明は120ページ！

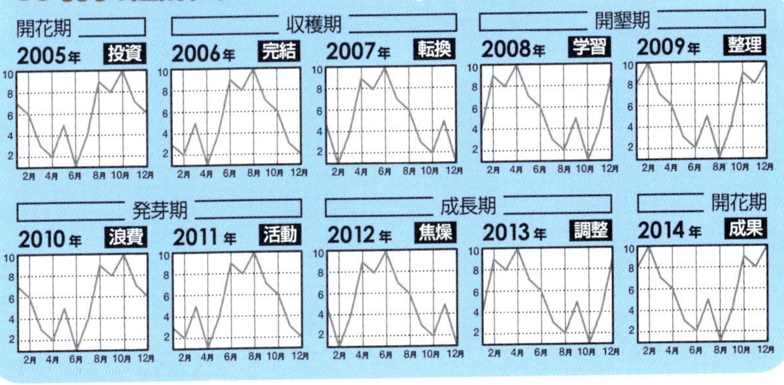

# 31 リーダーとなるゾウ

➡P120 ビッグツリー 大樹

### リーダーとなるゾウの有名人

落合博満
小泉今日子
陣内智則
野村萬斉
橋田壽賀子
水森亜土

最高の相性！
**ホワイトエンジェル**

56 気どらない黒ひょう P48

要注意人物！
**ブラックデビル**

26 粘り強いひつじ P101

## 豪快＆愛嬌の努力家リーダー

豪快な性格なのに愛嬌もある子どもです。誰とでも分けへだてなく付き合い、人間関係は円満です。強いものが大好きなので、自分から弱音は吐きません。他人の気持ちを察するのが得意なので、仲間内ではいつもリーダー的存在となります。外でエネルギーを使い果たして帰ってくるので、家ではおとなしいのも特徴です。普段、他人の話はあまり聞いていませんが、小声の話は全部聞いているので内緒話はできません。

### 10年間の運気グラフ

●詳しい説明は120ページ！

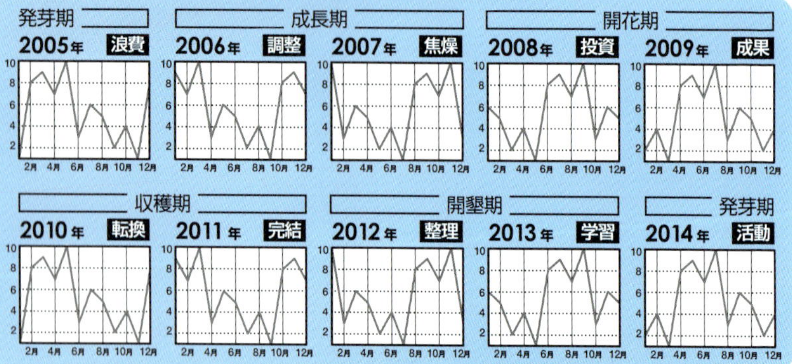

# 37 まっしぐらに突き進むゾウ

➡P120 鉱脈《メタル》

## 温和ながら抜群の集中力をもつ努力家

温和な性格で、同性・異性を問わず人気者。忍耐力が強く、少々のことでは動じない器をもっています。外交的な面と、内向的でデリケートな両面をもっているので、どんな年齢の人にも大人顔負けの気配りができます。外で気を使う分、家族にはわがままになりストレートに感情をぶつけてしまいます。小さなことには興味がないので、大きな目標を与えてあげると、驚くほどの集中力でまっしぐらに突き進む努力家です。

### まっしぐらに突き進むゾウの有名人

小川直也
ジェニファー・ロペス
高田純次
水野美紀
成宮寛貴
山田優

### 最高の相性！ ホワイトエンジェル

2 社交家のたぬき P72

### 要注意人物！ ブラックデビル

32 しっかり者のこじか P20

## 10年間の運気グラフ

●詳しい説明は120ページ！

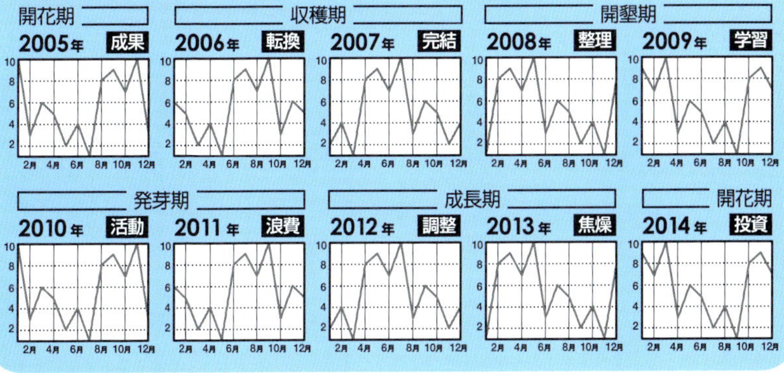

# ひつじ group グループ

気配りができる

約束は絶対に守る

好き嫌いがはげしい

お金を貯めるのが好き

## Happy 子育てポイント

### 1 お友だちを大切にしてあげて！

お友だちをとても大切にする子です。友だちもかわいがってあげましょう。

### 2 長い話をさえぎらないで！

無類の話好き。何度も同じ話を繰り返しますが、根気よく聞いてあげて。

### 3 収集癖を叱らないで！

とにかく何でも集めたがります。本人にとっては大切な思い出なのです。

➡P114 行動パターン 目標指向型
➡P116 心理ベクトル 過去回想型
➡P118 思考パターン 右脳型
➡P136 3分類 月



**男の子♂** いつも友だちと一緒にいたい気配りの子

**女の子♀** ケンカを嫌う平和主義者な協調の子

## ぐち、ぼやきが多い

## 人から相談されるとうれしい

## はっきりものが言える

## 和を乱す人は嫌い

誰にでも優しく、控えめな態度でマナーをきちんと守る、とても感じのよい子です。誰にでも調子を合わせられる社交性で、たくさんのお友だちをつくっていきます。しかし、意外に好き嫌いが激しく、日頃いい子にしている分、家ではちょっとわがまま。外での自分と本当の自分のバランスをとるためにも、グチやわがままは必要ですから、めくじらたてずに、やさしく聞いてあげましょう。理想もプライドも高いのですが、その理想の実現を夢見て堅実に努力できるがんばり屋さんです。

# ひつじ group グループ

## 行動パターン

### スピードは遅め

何事も丁寧なひつじは、他の子に比べて多少スピードが遅い場合があります。自分でもそれを知っていますので、みんなの足を引っ張らないようにと、一生懸命に努力しています。

結果的には、スピードも徐々に速くなっていきますので、あまり焦らせるとかわいそうです。「どうしてあなたはグズなの」などと叱ると、感情的になってプイと横を向いてしまうこともあるので、困っているときは一緒に問題解決をしながら励ましてあげてください。

## ケンカ

### 怒りのパワーはピカイチ

ひつじは誰よりも和を大切にしますから、ケンカはキライなのですが、お友だちがウソをついたり約束を破ったりすると許せなくなります。そんなときは、いつものやさしい態度とは裏腹な厳しい態度をとることもあります。

自分の意見をしっかりと持っていますので、大人がウソでごまかそうとすると、大人にも激しい口調で反論します。おおらかな気持ちで相手を許すことの大切さを理解できるよう、指導してあげたいですね。

## 好きなコト・得意なコト

- **みんなと一緒に力を合わせて物事を成しとげる**
- **コレクションやスクラップなどでいろいろなものを集める**
- **大勢をまとめて、みんなが仲良くなるように橋渡しをする**
- **世の中をよくするような何かを考える**
- **お金には几帳面で、金銭感覚にすぐれている**
- **いじめられている人を放っておけず助けてあげる**
- **損得を考えずに人に喜んでもらえるようにがんばる**

一見おとなしい子ですが、胸に熱いものを秘めているタイプでもあります。一生懸命に生きる姿勢を、どうぞ応援してあげてください。

### 克服したいこと

## 自分の考えを上手に主張

自分の意見を持っているのに、みんなの和を考えて、つい言わないですますことが多い子です。主張を気持ちよく理解してもらう方法を、あまり知らないのかもしれません。心をこめて話せばきっと伝わるということを、だんだんと覚えていってほしいですね。

　また、ひつじは少々、損得感情に走りやすい傾向も。友だちに貸したものをすぐ返してほしがったり、見返りを欲しがったり。子どもにありがちなことですが、あまり露骨に出すと、お友だちから煙たがられますのでご注意を。

### NGワード

**「友だちとばっかり遊んで！」**

ひつじにとって、友だちは命の次に大切な存在です。単に遊んでいる訳ではなく、コミュニケーションを取り合っているのです。

**「用件だけ言ったら電話切りなさい！」**

電話が用件を伝える道具とは思っていません。友だちとつながっている時間が欠かせないのです。

**「みんなって、いったい誰？」**

みんなと同じ物を持っていたいので、つい「みんな持ってるよ」と言います。全員という意味ではなく、仲良しが持っているといった意味なのです。

### やる気を引き出す、魔法のコトバ

## 「あなたのやることなら信じられるわ！」

人のために尽くせる子ですから、信頼されるとやる気が出ます。「本当にえらい。みんなのためにがんばっているね」「あなたのやることなら信じられる」という言葉が何よりの原動力になります。また、気持ちよく動いてもらおうと思ったら、命令口調は禁物。お願いや相談口調で接すると、「まかせて！」とばかりに張り切ってくれます。

# 14 協調性のないひつじ

キャンドル
灯火
➡P120

### 協調性のないひつじの有名人

大黒将志
唐沢寿明
田中真紀子
長渕剛
hitomi
向田邦子

### 最高の相性！ホワイトエンジェル

49 ゆったりとした悠然の虎 P64

### 要注意人物！ブラックデビル

19 放浪の狼 P9

## 自分を大切にしつつも気配りの常識派

ひつじなのにみんなと群れるのを嫌い、自分ひとりの時間を大切にする子ども。相手に気を使うので、気疲れからグチやボヤキが多くなってしまいます。自分を強く主張することなく大河の流れのようにゆるやかに過ごしたいと思っているので、積極性には欠けますが、周囲の目を気にして行動するため、常識をわきまえた行動をとります。収集癖があるので、何でも集めて捨てられなくなってしまう傾向があります。

## 10年間の運気グラフ

●詳しい説明は120ページ！

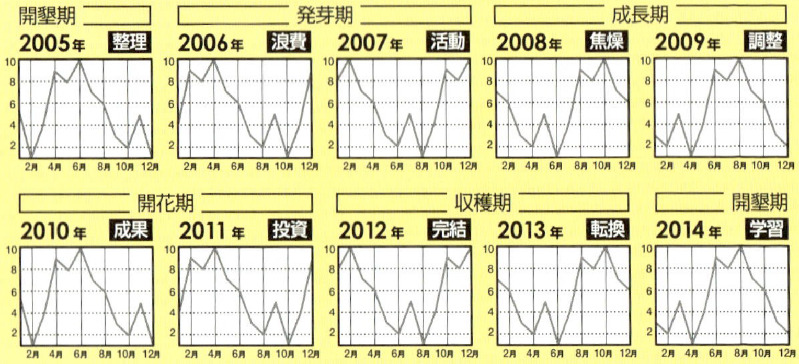

# 20 物静かなひつじ

➡P120
レインドロップ
雨露

### 物静かなひつじの有名人

梅宮アンナ
賀集利樹
栗原はるみ
堂珍嘉邦
長井秀和
室井滋

**最高の相性！**
**ホワイトエンジェル**

55 パワフルな虎 P66

**要注意人物！**
**ブラックデビル**

25 穏やかな狼 P11

## 人当たりの柔らかな慎重派ガンコ者

先生の意見に逆らわず、安全な道を選んで歩く慎重派です。決して冒険はしませんが、理想は高いので周囲に過剰な期待をしてしまいます。おとなしいのは最初だけで、親しくなるととても饒舌になります。スポーツマンというよりは勉強家なので、家にいるときは本を読んであげましょう。雑学博士になって人気の的になれます。人当たりは柔らかですが、自意識が強いので我を張ると親の言うことでも聞きません。

## 10年間の運気グラフ

●詳しい説明は120ページ！

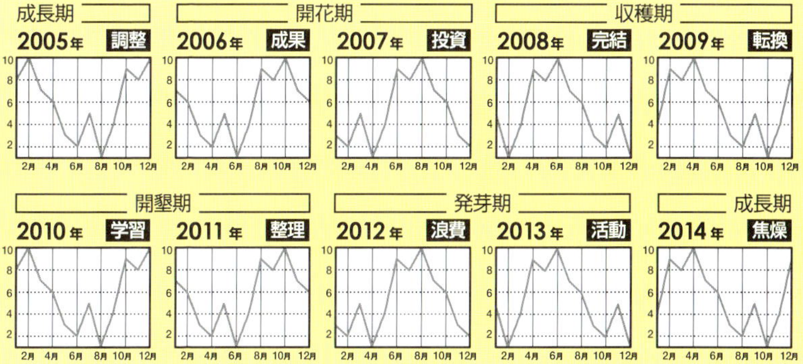

# 23 無邪気なひつじ

➡P120
太陽《サンシャイン》

### 無邪気なひつじの有名人

阿部慎之介
木ノ実ナナ
竹中直人
中澤裕子
山下達郎
横峯さくら

**最高の相性！**
**ホワイトエンジェル**

28 優雅なペガサス P111

**要注意人物！**
**ブラックデビル**

58 傷つきやすいライオン P57

## 頼まれると断れない無邪気な寂しがり屋

無邪気に誰とでもすぐに親しくなりますが、超寂しがり屋でやや自立心に欠けるところがあります。何でも器用にこなすので、先生からは重宝がられますが、目立つのが嫌いなので、自分の本音はなかなか出しません。新しい環境にはすぐに順応しますが、逆に環境の変化に流されやすいので注意してあげないといけません。頼まれると断れない人の良さがあるので、自分で何でも抱え込んでしまわないように注意が必要。

## 10年間の運気グラフ

●詳しい説明は120ページ！

開墾期 — 発芽期 — 成長期

2005年 学習　2006年 活動　2007年 浪費　2008年 調整　2009年 焦燥

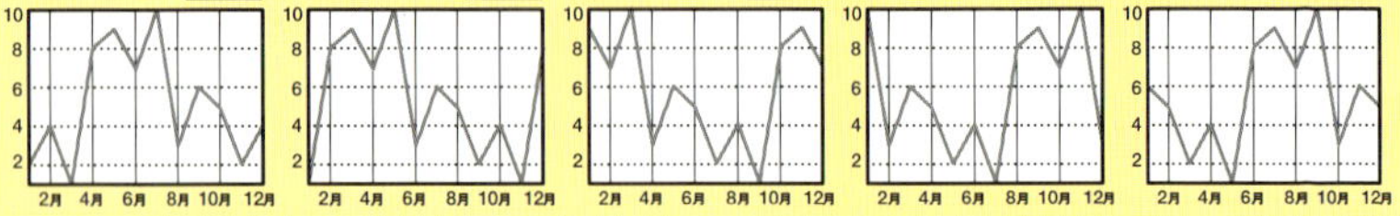


開花期 — 収穫期 — 開墾期

2010年 投資　2011年 成果　2012年 転換　2013年 完結　2014年 整理

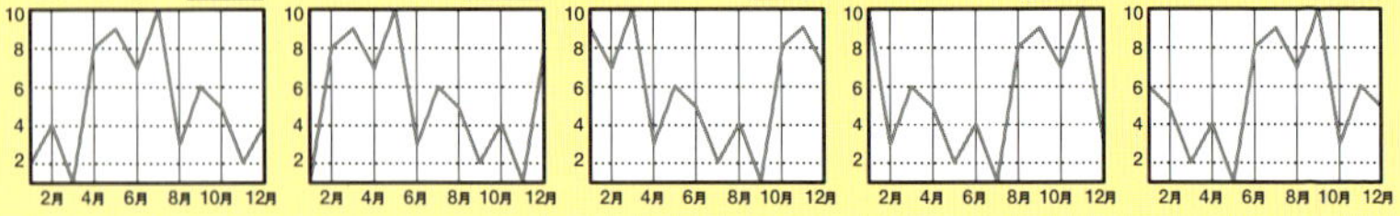

# 26 粘り強いひつじ

⇒P120 フィールド 大地

## 和を大事にする粘り強い気配りの人

助け合いの精神と和を大事にする平和主義の子どもです。自分の好きなことには粘り強く取り組んで飽きません。負けず嫌いで自信家なところもありますが、周囲の目が気になって仕方がありません。子どもっぽさから年齢よりも下に見られてしまいがちですが、相手の意見をよく聞き、みんなに優しい心使いを忘れない気配りの人です。いつもみんなと一緒にいたい寂しがり屋で、孤立するのを嫌います。

### 粘り強いひつじの有名人

ウォン・ビン
反町隆史
雛形あきこ
深田恭子
松坂大輔
薬師丸ひろ子

### 最高の相性！ ホワイトエンジェル

1 長距離ランナーのチータ P36

### 要注意人物！ ブラックデビル

31 リーダーとなるゾウ P92

## 10年間の運気グラフ

●詳しい説明は120ページ！

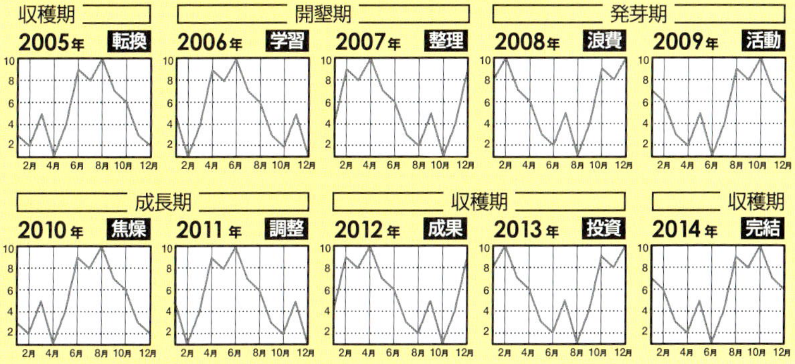


狼 こじか 猿 チータ 黒ひょう ライオン 虎 たぬき 子守熊 ゾウ ひつじ ペガサス

# 29 チャレンジ精神の旺盛なひつじ

➡P120
オーシャン
海洋

### チャレンジ精神の旺盛なひつじの有名人

魚住りえ
葉加瀬太郎
はしのえみ
広末涼子
古田敦也
ペ・ヨンジュン

### 最高の相性！ ホワイトエンジェル

34 気分屋の猿 P29

### 要注意人物！ ブラックデビル

4 フットワークの軽い子守熊 P80

## 好感度抜群だけど負けん気も人一倍

人当たりが柔らかで、誰からも好感をもたれる子どもです。謙虚さを忘れず、助け合うことに喜びを感じるので、他人にとても親切。でも、負けん気の強さは人一倍で、何にでもチャレンジして自分の力でやり遂げようとします。人から頼まれると断れないので、引き受けてから後悔することも。あれこれ考えすぎるので、決断には時間がかかります。友だちの影響が大きいので、誰と付き合うかがカギとなります。

## 10年間の運気グラフ

●詳しい説明は120ページ！

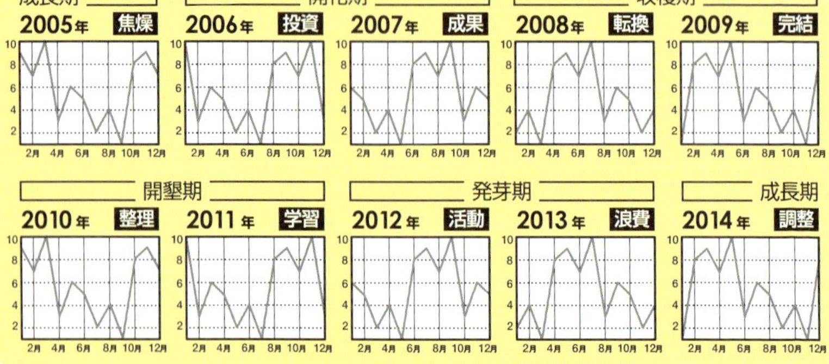

# 35 頼られると嬉しいひつじ

➡P120
山岳《マウンテン》

## 正義感あふれる親分肌の人情派

義理人情に厚く、曲がったことが大嫌いな子どもです。友だちから相談されたり先生から頼まれ事をされることも多く、頼りにされると俄然張り切ってしまいます。おしゃべりが大好きで、仲良しと一緒にいるといつまでも話をしていてキリがありません。企画力や想像力に優れているので、友だちと一緒に何かやるときには欠かせない存在となります。価値観が一致した友だちとは生涯を通じて長い交流を図ります。

### 頼られると嬉しいひつじの有名人

オダギリ・ジョー
瀬戸朝香
高橋克典
南原清隆
久本雅美
松たか子

**最高の相性！**
**ホワイトエンジェル**

40 尽くす猿 P30

**要注意人物！**
**ブラックデビル**

10 母性豊かな子守熊 P81

## 10年間の運気グラフ

●詳しい説明は120ページ！

収穫期 / 開墾期 / 発芽期

2005年 完結 / 2006年 整理 / 2007年 学習 / 2008年 活動 / 2009年 浪費

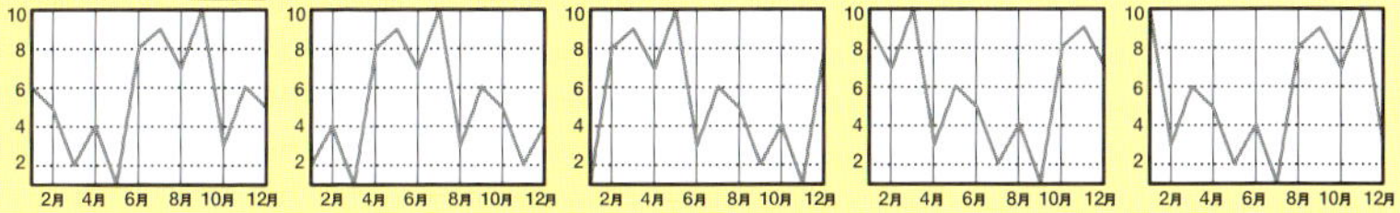


成長期 / 開花期 / 収穫期

2010年 調整 / 2011年 焦燥 / 2012年 投資 / 2013年 成果 / 2014年 転換

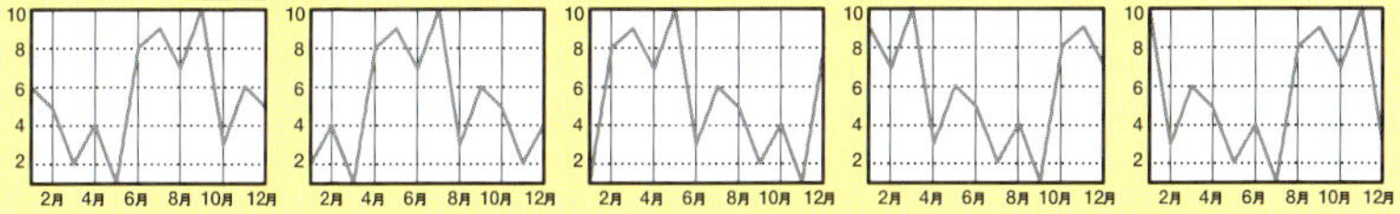

# ペガサスgroupグループ

束縛されたくない

社交辞令の天才

大げさな人が多い

長所はすごいが、あとは普通

## Happy 子育てポイント

### 1 束縛しないで！

自由放任主義、放し飼いで育てるのがコツ。特に時間で管理してはダメ。

### 2 ほめまくってあげて！

気分屋なので、気持ちもコロコロ。叱るよりも、ほめて育てましょう。

### 3 空想癖をとがめないで！

天才的なヒラメキと直感の持ち主です。感性を伸ばしてあげましょう。

➡P114 行動パターン 状況対応型
➡P116 心理ベクトル 未来展望型
➡P118 思考パターン 右脳型
➡P136 3分類 太陽

**男の子♂** 感性豊かで世界を夢見る天才気質の子

**女の子♀** カンとヒラメキは天下一品の自由人

## 人を使うのがうまい

## いちばん面倒くさがり屋

## いちいち細かく指示されるとダメ

## うなずきながら他のことを考えてる

自分の感性のままに生きようとします。それが他の人にとって意味のないことであっても平気なところが、ペガサスらしい奔放さです。華やかな雰囲気が漂い、この子に憧れる子も多いでしょう。頭のキレもバツグンで、知的な判断ができ、論理的な話をするので、大人からも認められます。けれど、実はカンを頼りに判断していることも多く、気分屋の一面もあります。人から理解されにくいこともありますが、本来世話好きなので、友だちからも頼られ、どんな人ともうまく付き合っていけるはずです。

# ペガサス group グループ

## 行動パターン

### 天性のカン＆集中力

カンが鋭いので、要領をつかむのが早く、のっているときの集中力は大人も舌を巻くほど。こういうときは実にすばらしい成果を上げますが、イヤなことには見向きもしません。また、ひとつつまずくとやる気をなくしてしまったり、行動にムラがあるのが玉にキズ。

しかし、ペガサスのカンは天下逸品なので、あまり否定せずやりたいことをやらせてあげましょう。ただ、スピードが極端に落ちたり怠けてるときは、「いつまでもサボっているといい結果が出ないよ」と教えてあげましょう。

## ケンカ

### 自分でも分からなくなる

やりたいと思ったことは今すぐやりたいので、それができない環境は不満がたまります。また、やれたとしても注意を受けると、もうやる気をなくします。こんなふうにストレスがたまると、つい友だちと衝突を起こしがちです。

こういうときのペガサスは、自分でも自分をどうしていいかわからない状態で苦しんでいます。元に戻すには、優しい言葉をかけるしかありません。頭ごなしに叱らないで落ち着かせて、自分からあやまれるよう、上手にコントロールしてあげましょう。

## 好きなコト・得意なコト

- ●ピンとくる感性はピカイチで、変化に敏感に対応することができる
- ●ムードメーカーなので、周囲を明るくハッピーにさせる
- ●自由気ままにどこへでも気軽に出かけていける
- ●天才的なヒラメキで、誰も想像できない事を実現させる
- ●イベントや学芸会などのお祭りごとが大好きでハッスルする
- ●社交的で人の気持ちを引きつけ、リーダーシップをとる
- ●世界に通用する大人物になるためがんばる

注目される機会を常に狙ってるから、1番になれる場をつくってあげると自信がつきます。ただし、細かい指示をされるのは大嫌い。自由にさせるのが一番です。

### 克服したいこと

## 飽きっぽい

ペガサスは瞬発力はすごいのですが、持久力はあまりありません。すぐに飽きてしまうという欠点があります。欠点を指摘されても、うなずきながら他のことを考えていたりするので、素直に直せないという事態も起きます。

自分を過信しすぎると、お友だちや周囲の人たちからも敬遠されてしまいます。自分自身をよく見つめ、本当に何がやりたいのか、時間をかけて冷静に考えていくべきでしょう。子どもにもそのことを、徐々にわからせてあげるといいですね。

### NGワード

#### 「お天気屋だね～」

その日の気分で別人のような行動を見せるのがペガサスの特徴。まあ、本人はほめ言葉として聞いていますが…。

#### 「キチンと計画を立てて！」

カンとヒラメキで行動するペガサスにとって、「計画」という概念はありません。親の価値観を押し付けてはいけません。

#### 「文法がダメ。何が言いたいの？」

文法などペガサスにとって何の意味も持ちません。理解できないこともありますが、おおよその意味がわかればOKなのです。

### やる気を引き出す、魔法のコトバ

## 「スゴイ！ さすが！ カッコいい！」

目立つことやほめられるのが大好きなタイプ。「スゴイね」「さすが！」「カッコいい～」と、思いつく限りのほめ言葉を。それを白々しいと思うような子ではなく、素直に受け止めてがんばります。お天気屋さんなのですぐに飽きたりもしますが、ガミガミ言うより、ポイントをしぼって短い言葉でアドバイスすれば効果的です。

# 21 落ち着きのあるペガサス

➡P120 ビッグツリー 大樹

### 落ち着きのあるペガサスの有名人

岡村隆史
倉木麻衣
藤原紀香
ホイットニー・ヒューストン
松井秀喜
三宅一生

### 最高の相性！ ホワイトエンジェル

6 愛情あふれる虎 P62

### 要注意人物！ ブラックデビル

36 好感のもたれる狼 P13

## 社交的かつ神経質な天才アーティスト

愛想がよく、人なつっこい子どもです。とても社交的ですが、内心は神経質で他人に対する警戒心も強いので、なかなか本当の自分を出しません。自由奔放に行動するので先生や親はハラハラしますが、決して束縛してはいけません。直感力がずば抜けているので、何でも自分の感性に従って行動します。フワフワしてつかみどころのない感じですが、豊かな感情表現は、将来天才アーティストに成長する素養かもしれません。

## 10年間の運気グラフ

●詳しい説明は120ページ！

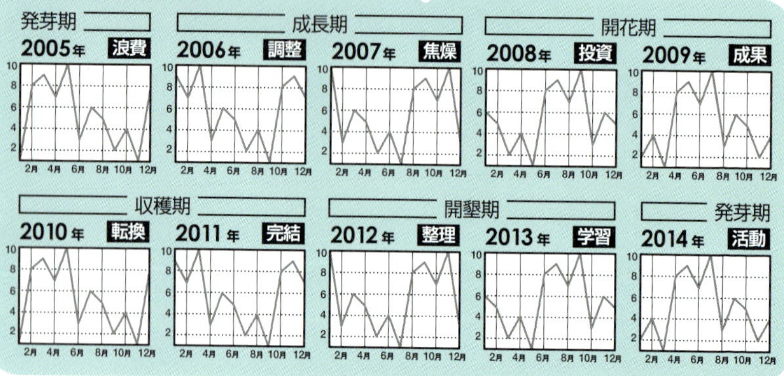

# 22 強靭な翼をもつペガサス

➡P120
サンフラワー
草花

### 強靭な翼をもつペガサスの有名人

綾辻行人
ケイン・コスギ
長嶋一茂
中村江里子
宮部みゆき
持田香織

**最高の相性！**
**ホワイトエンジェル**

17 強い意志をもったこじか P19

**要注意人物！**
**ブラックデビル**

47 人間味あふれるたぬき P75

## 変化を求めるフレンドリーな社交家

気さくでフレンドリーな性格です。年齢に関係なく幅広い交際範囲で社交性を発揮します。ひらめきだけで行動するような印象がありますが、頭の回転は速く、自分なりにちゃんと計算しています。常に変化を求めますので、単調なことの繰り返しには興味がありません。予想外の言動に振り回されてしまうこともありますが、走り出したら止まらない行動派なので仕方ありません。自由を愛する強烈な個性の持ち主です。

## 10年間の運気グラフ

●詳しい説明は120ページ！

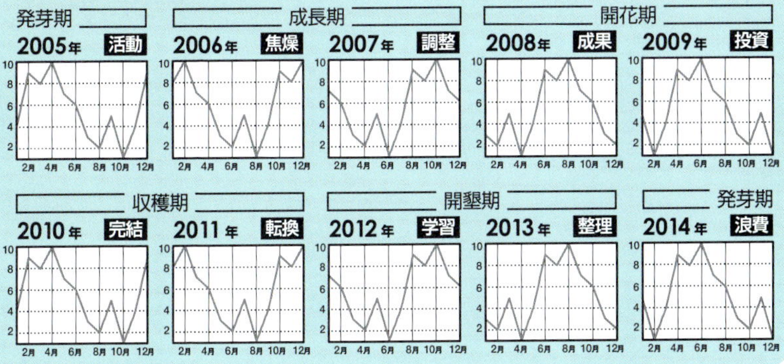

# 27 波乱に満ちたペガサス

➡P120
鉱脈《メタル》

### 波乱に満ちたペガサスの有名人

尾崎亜美
島田紳助
杉本彩
高田万由子
松本潤
丸山茂樹

最高の相性！
**ホワイトエンジェル**

12 人気者のゾウ P90

要注意人物！
**ブラックデビル**

42 足腰の強いチータ P38

## ピンとくる直感で生きる想像力の塊

近寄りがたさと気安さを感じさせる、不思議な雰囲気の持ち主です。感受性が豊かで、想像力の塊のような芸術家タイプです。普段は明るく活発ですが、気分にムラがあるので、友だち付き合いは波乱の連続です。特異な才能の持ち主なので、ピンとくる直感を尊重して自由に育ててあげると素晴らしい力を発揮します。人前で叱ったり、何もかも「ダメ」と厳しく育てると、せっかくの能力が開花せずに終わってしまいます。

## 10年間の運気グラフ

●詳しい説明は120ページ！

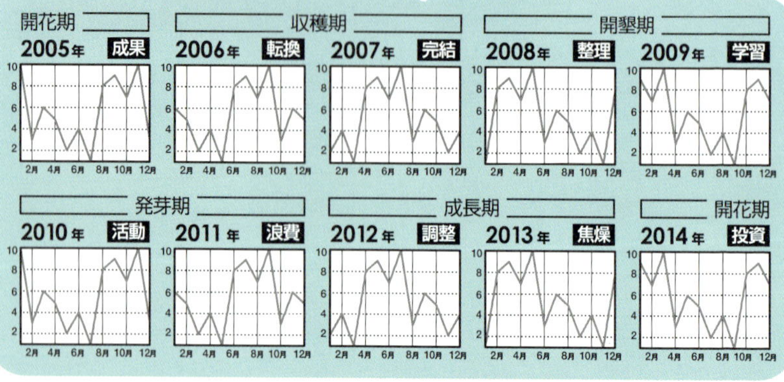

# 28 優雅なペガサス

➡P120
ジュエリー 宝石

**優雅なペガサスの有名人**

イチロー
滝川クリステル
田村正和
常磐貴子
徳永英明
矢井田瞳

**最高の相性！**
**ホワイトエンジェル**

23 無邪気なひつじ P100

**要注意人物！**
**ブラックデビル**

53 感情豊かな黒ひょう P47

## 情にもろく臨機応変な明るい行動派

何でも一流を目指す外国人気質の明るい子どもです。順応性があるので、何でも臨機応変に対応できます。スピーディな行動力が魅力で、いつの間にかグループの中心にいます。情にもろく同情しやすいので、友だちの面倒はよく見ますが、飽きっぽさから何をやっても長続きしないので、持続力がつけば怖いものはありません。波に乗っているときはいいのですが、逆境には弱く、温かく見守ってあげることが必要です。

## 10年間の運気グラフ

●詳しい説明は120ページ！

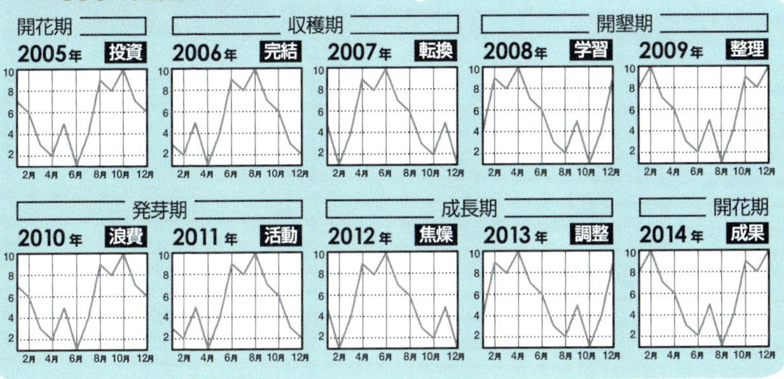

こどもキャラナビ コラム①

# 育《そだ》てる？ 素《そ》立《だ》てる？

花屋さんで花の種を買うと、種の袋に「いつ撒くといいか」「いつ水をあげればいいか」「日中はベランダに出しなさい」など、育て方が詳しく書いてあります。その通りに育てると、袋の表紙と同じ花がきちんと咲きます。簡単ですね。

ところが、生まれてきた子どもに「取り扱い説明書」なんて付いていません。これは難しい。そこで頼りになるのが、市販されている育児書や育児雑誌など。そこには、平均的な乳幼児の身長や体重から、いろんなお母さん方の子育て実例まで、さまざまな情報が掲載されています。そんな参考書を見ながら、懸命な子育てが始まるのです。

でも、ちょっと待ってください。そのような参考書の情報を読んでいるうちに、ついつい自分の子どもを、平均値や他人の子どもと比較して心配になったことはありませんか？　これは個性を伸ばすことよりも、平均値に近づけることに気持ちが向いてしまうことを意味します。これでは、子どもたちも自分の個性に自信が持てなくなりますし、伸び伸びと「育てる」ことなどできませんね。

キャラナビの元となる個性心理學では、「育てる」よりも「素立てる」という言葉を好んで使います。「育てる」と「素立てる」。さて、どこが違うのでしょう？

「育てる」という言葉には、養うという意味も含まれますので、どうしても上から下へモノを見てしまいがちです。「だれが授業料払ってるの！」「同じ塾に行かせてるのに、どうしてあなたはできないの！」などと、子どもを叱り付けているお母さんを見たことがありませんか？　これでは、子どもが勉強に興味を持つはずがありません。

では「素立てる」の方はどうでしょう？　「素」とは、つまり個性。「素立てる」は、個性を立てる育て方という意味なのです。これからの子育ては、「個性」が重要なキーワードになります。ぜひ、子どもの「素」を見つけてあげて、その「個性」を立ててあげてください。きっと見違えるほど、子どもたちに笑顔が増えます！　家族のコミュニケーションも円滑になるでしょう！

# 第2章

# もっと知りたい！ ウチの子キャラナビ

「ウチの子のアタマの中って、いったいどうなってるの？」。そんな疑問を解き明かす第2章。12キャラのタイプ別グループ分けや、気になるお友だちとの相性を探ります。

ウチの子は

# 目標指向？状況対応？

GOAL
START
目標指向型

## 達成に向けて行動する目標指向

- ☑ なんでも目標をハッキリと決め、予定通りに行動したがる。
- ☑ 公私の区別はキッチリ。学校と家庭を分けて考える。
- ☑ 勉強は期限を決められないとやらない。
- ☑ 結果を重視する。
- ☑ 臨機応変な対応は苦手なので、予定外のことがあるともろい。

まず目標を決めないとはじまらない目標指向と、その場の気分と状況で臨機応変に乗り越える状況対応。あなたのお子さんは、どちらのタイプ？

GOAL START 状況対応型

# 方向性だけでOKの状況対応

- 大きな方向性だけ決めて、あとは臨機応変に対応する。
- 計画通りに進まなくてもストレスを感じない。
- 勉強は期限を決められるとプレッシャーになる。
- 過程を重視する。
- 突発的なできごとや思いがけない変更に強い。

たぬき

こじか

ライオン

チータ

ゾウ

ペガサス

未来展望型

## 「どうにかなるさ」の未来展望

- 将来のことをよく考える。
- なんでもプラスの方向に考える楽観主義。
- 過ぎてしまったことは気にならない。忘れる。
- 旅行はほとんど手ぶらで行きたい、現地調達派。
- 意思決定後に口を出されるとやる気をなくす。

ペガサス

狼

こじか

猿

チータ

黒ひょう

**過去を切り捨てて明るい未来を思い描く未来展望。過去を振り返りながら用意周到に準備をする過去回想。あなたのお子さんは、どちらのタイプ？**

ひつじ

ゾウ

子守熊

たぬき

虎

ライオン

過去回想型

# 「何かあったらどうしよう」の過去回想

- 昔のことをよく思い出す。
- 石橋を何度もたたいてから渡る慎重派。
- 過去の経験や実績を重視する。
- 旅行へはあれこれ持っていく、用意周到派。
- プレッシャーをかけられるとやる気をなくす。
- アルバムや同窓会が大好き。

# ウチの子は ヒラメキ派？ 論理派？

## 右脳型 ヒラメキの右脳型

狼

精神エネルギーが高く、
何事も直感やイメージで
考えることが多い。

ペガサス

子守熊

想像力がたくましく、
非現実的なことや
非日常的なことを考える。

直感がすぐれているので、
いろいろなものを
鋭い感性で受け止める。

ゾウ

ひつじ

こじか

勉強やスポーツでも、
理論ではなく、
イメージで説明されると
納得する。

意味のない一発ギャグに
反応して笑える。

心が優先で形のないものにひかれる、ヒラメキの右脳型。視覚優先で形あるものにひかれる論理的な左脳型。あなたのお子さんは、どちらのタイプ？

# 論理的な左脳型

チータ

経済エネルギーや
社会エネルギーが高く、
理論や計算で考えることが多い。

猿

虎

常に現実を直視しながら、
データを重視する。

黒ひょう

勉強もスポーツも、
イメージではなく
論理的に説明すると納得する。

たぬき

ライオン

キチンと理にかなったオチのある
ギャグに笑える。

# ウチの子の運気リズム

第1章の60キャラそれぞれのページにある、運気リズムのアイコンと10年間のグラフについて解説します。
下の「大樹」などのアイコンは、個々のキャラが持つリズム名。右の「整理」などは、その年がどんな意味を持つ年になるのかを表しています。運気は10年サイクルで一巡し、キャラ毎にそのサイクルがずれていくのです。

## 10のリズムが彩る性格の違い

**ビッグツリー 大樹**

天に向かってまっすぐに伸びる大樹のような子。独立心旺盛で気持ちがストレート。人との調和を大切にします。

**サンフラワー 草花**

人々の心をなごませる草花のような子。きめこまやかな社交性が魅力。踏まれても起きあがる草の強さを秘めています。

**サンシャイン 太陽**

太陽のように熱血でエネルギッシュな子。感情豊かで情にもろく、細かいことにこだわらず、天真爛漫に行動します。

**キャンドル 灯火**

闇を照らす、キャンドルのような子。感情豊かな明るい子ですが、燃え上がる情熱と情にもろいナイーブさを秘めます。

**マウンテン 山岳**

どっしりとした、山岳のような子。人がよく、愛情深く奉仕精神旺盛。面倒見もよいので、何かと人に頼られがちです。

**フィールド 大地**

広大な大地のような子。気さくな庶民派で、大きな包容力を持つので、人に好かれます。夢をゆったりと追い求めます。

**メタル 鉱脈**

深い山懐から掘り出された強靭な鉄のような子。たたかれ鍛えられるほど成長します。パワフルですべてに全力投球。

**ジュエリー 宝石**

原石が磨かれて宝石になったような子。外見は華やかでも内面は繊細で神経質。感性の鋭さがストレスを招くことも。

**オーシャン 海洋**

果てしなく広がる大海のような子。自由を愛し束縛を嫌い、夢とロマンを胸に、物事に動じないで人生を渡ります。

**レインドロップ 雨露**

雨粒や露など、一粒の雫のような子。慈愛に満ちた母性愛と知性を持ち、形を自在に変える柔軟さがあります。

## 運気のリズム（リズムの流れには、下の「正行運」の他に「逆行運」があります）

### 開墾期

**整理**
物事の判断基準があいまいになり、スッキリしない時期。この時期は、決して慌てたり、焦ったりしてはいけません。目先のことではなく、プラス思考で長期的な自分の道に思いを馳せて下さい。

**学習**
将来の実りに期待を込めて準備を開始する時期。何事も吸収し、学ぶという姿勢と努力を大切に。その姿勢は友だちや先生から評価され、努力はやがて社会的にも認められ報われます。勉強のスタートには良い年です。

### 発芽期

**活動**
体力も気力も充実し、新たな計画を行動に移す時期。何事にも積極的な行動をとり、自分の考えや気持ちを前面に出してもOK。ただ、まわりの人の気持ちを無視するとトラブルも生じやすいので注意しましょう。

**浪費**
なんとなく体調もすぐれず、気力も衰える時期。無理せず体力を温存しましょう。協力者や仲間を得て強気になることもありますが、うまくいかず失う可能性も。人間関係を大切にしながら生活しましょう。

### 成長期

**調整**
精神的に安定して、心に余裕がある時期。体調も良くスムーズに物事が進みますが、気を引き締めていないと思わぬ落とし穴も。新しいことを始めるよりも、安定を重視するととても良い年になります。

**焦燥**
大胆な行動が成功につながる可能性のある時期。ただ、この時期は感性が研ぎ澄まされ敏感になるので、まわりの人へのイライラからトラブルも。おおらかな気持ちで人と接し、この人はと思う人は必ず味方に。

### 開花期

**投資**
積極的な取り組みで物事が成就する時期。まわりとの関係は極めて良好で、今後の人生に大きく関わる新しい出会いも。ボランティア的な役割も多くなりますが、いつか自分に返ってくる投資と考えましょう。

**成果**
あらゆる事が順調に発展する最高の時期。先生や友だちとの関係も良好で、計画していたこともうまくいきます。この好機を逃さず、積極的な行動に出て、普段の2 倍も3 倍もがんばりましょう。

### 収穫期

**転換**
とにかく動きが激しく、新しい事にチャレンジしたくなる時期。自分を取り巻く環境から飛び出したくなり、自然と目が外に向きがちです。いつもと違った自分に憧れるため、周囲との対立や摩擦を生んだりもします。

**完結**
何事においても正しい判断ができる最も安定した時期。新たな世界との出会いがあり、受験にもたいへん良い時期です。人気も高まりますが、浮かれすぎないで、次の開墾期へむけての長期計画をぜひ立てましょう。

# ウチの子の友だちとの相性

## 本人が狼で友だちが…

### 狼
自分が大好きな狼だから、同じ狼の長所も受け入れます。ただ、何か指摘されるとカチンときます。

### こじか
キャラが違いすぎて競争意識が生まれない、気楽な関係。ただ、適度な距離感が必要となります。

### 猿
ケンカをしても翌日にはケロッとしてまた遊べる、親友のような関係。お互い干渉し過ぎないこと。

### チータ
他人に干渉しない狼ですが、なぜかチータの闘争心に対しては批判的になる傾向があります。

### 黒ひょう
黒ひょうの親切心が狼には少々うざいかも。どうも、黒ひょうのペースに巻き込まれがちです。

### ライオン
百獣の王も、狼の前だと萎縮してしまいます。ライオンの得意のギャグも狼には通用しません。

### 虎
ハッキリと意見を言うもの同士、適度な距離は必要ですが、ライバルとしては最高です。

### たぬき
強烈な縁で結ばれています。長く付き合えばお互いにないところを補い合う最強のパートナー。

### 子守熊
お互いにマイペースなので、気楽に付き合える関係。価値観も似ているのでなごみの関係です。

### ゾウ
強がっているゾウも狼の前ではなぜか従順。ゾウからすると狼は気になる存在なのです。

### ひつじ
単独行動が好きな狼に対して、いつも一緒に行動したがるひつじ。狼が振り回されがちです。

### ペガサス
お互いに干渉しないので、一緒にいても気にならない存在。遊び友だちとしては最高かも。

## 本人がこじかで友だちが…

### 狼
追いかけると逃げてしまう関係。ふたりっきりだと会話もギクシャクしますが、無理せず自然体で。

### こじか
ノリが同じなので一緒にいて安心できる関係。お互いに自己主張しないので、優柔不断の関係か。

### 猿
細かいところに気付いてくれるので、一緒にいるととてもラク。友だちとしては相性のいい関係。

### チータ
行動派でカッコいいチータは憧れの存在。でも、一緒にいるといつも振り回されっぱなしです。

### 黒ひょう
お互いにデリケートな感受性を持っているので、いつも一緒だと疲れます。たまに会うのが最高。

### ライオン
こじかを守ってくれるライオンは、とても頼もしい存在。従順に従っているのが付き合いのコツ。

### 虎
何でもハッキリ言われるので、こじかはビクビク。でも、長く付き合えば理解し合えます。

### たぬき
似たところがあるので気になりますが、お互いに波風を立てたくないので、穏やかな関係です。

### 子守熊
のんびりペースの子守熊は、こじかにはいやしの相手。お互いに穏やかなので、ケンカはしません。

### ゾウ
困ったことが起きても、ゾウがなんとかしてくれます。ただし、こじかは主導権を取れません。

### ひつじ
お互いに甘えたい存在なので、仲は良いけれど長続きしません。大勢で遊ぶには最高の相性です。

### ペガサス
こじかができないことをやれるペガサスは憧れの存在。ムラっ気を気にしなければ、特別な存在に。

子どもの個性が分かったら、次に知りたくなるのはキャラの相性。
各キャラ別に友だちとの相性をご紹介します。

## 本人が猿で友だちが…

### 狼
いつも冷静な狼は、貴重な親友に。一緒に過ごす時間は少なくても、本音で付き合える関係です。

### こじか
軽く付き合うにはいい関係で、おしゃべりが止まらなくなります。すぐに仲良くなれる相手です。

### 猿
お互いに負けられないと思っているいいライバルですが、ノリは同じなのでとてもラクです。

### チータ
スピード感のあるふたりは、チータの飽きっぽさが足並みを乱します。最後はチータが猿に従う関係。

### 黒ひょう
正義感の強い黒ひょうは、少し煙たい存在。耳の痛い事も言われますが、それ以外はなかよしです。

### ライオン
何事にも細かい猿にとって、おおざっぱなライオンは理解不能な人。お互いに疲れます。

### 虎
ひょうきんな猿に対して、しっかり者の虎は頼もしい存在。同じ価値観で理解し合える関係です。

### たぬき
不思議と深いつながりを持つ相手です。相性もいいので、時の経つのも忘れて遊びます。

### 子守熊
競い合うことで成長できる関係。お互いに負けたくないので、自然とがんばります。力も五分五分。

### ゾウ
まったく違う個性ですが、なぜか相性は◎。ワガママなゾウも、猿には従順だから不思議です。

### ひつじ
自然体で付き合える関係。早合点する猿が、チェックをしてくれるひつじに助けられます。

### ペガサス
奔放なペースに振り回されてしまいますが、猿が見事にコントロール。外で遊ぶには最高の相性。

## 本人がチータで友だちが…

### 狼
何でもハッキリ言う狼とは、緊張の関係。チータは批判されているようで面白くないのです。

### こじか
些細なことでケンカになることもあるけど、なぜかいつも一緒にいる親友の関係です。

### 猿
猿の調子のよさについ乗せられがちですが、お互いに過去を引きずらないので次の日はケロッと。

### チータ
お互いにプラス思考なので、イケイケの関係。でも、長い時間一緒だと主導権争いでケンカに。

### 黒ひょう
センスのいい者同士でお互いにプライドが高いので、譲り合う気持ちが大事。チータ有利の力関係。

### ライオン
堂々と大人っぽいライオンは頼りになる存在。考え方も似ているので、一緒にいても飽きません。

### 虎
どうも虎の言いなりになってしまう服従の関係ですが、頼りがいのある虎といるのは楽チン。

### たぬき
いやな顔ひとつせずに言うことを聞いてくれるたぬきは、いやしの存在。疲れも吹き飛びます。

### 子守熊
行動派でアウトドア好きなチータにとって、スローペースの子守熊は苦手な存在。接点は少なそう。

### ゾウ
いつも気になる宿命のライバル。でも、行動パターンが似ているので、一緒に遊ぶのは楽しい。

### ひつじ
素直に言うことを聞いてくれる、仕切りやすい存在。でも、話が長いので友だちにはなれないかも。

### ペガサス
いちいち説明しなくても意思が通じ合う貴重な存在。会った瞬間から親しみを覚えます。

## 本人が黒ひょうで友だちが…

### 狼
なぜかいつも黒ひょうをかばってくれる救世主的な存在。個性は違いますが、妙に気が合います。

### こじか
甘え上手なこじかの面倒をついつい見てしまう黒ひょう。仲はいいのですが、親友にはなれません。

### 猿
一緒にいると最高に楽しい相性。落ち込んでいる黒ひょうを明るい気持ちにさせてくれます。

### チータ
男女の区別なく遊ぶには最高。でも、新しいモノ好き同士だから、新しいオモチャは奪い合いに。

### 黒ひょう
お互いに自己主張が強いので、ぶつかり合ってしまいますが、協力し合える関係になればＯＫ。

### ライオン
本音で付き合うことは少ないけど、一緒にいると楽しく遊べます。でも、ワガママには疲れそう。

### 虎
いろいろと助けてくれる頼れる存在。リーダー気質が強い虎も、なぜか黒ひょうには優しいのです。

### たぬき
繊細で傷つきやすい黒ひょうに、たぬきは一番安心できる存在。遠慮なくオープンハートできます。

### 子守熊
あまり気を使わず気楽に付き合えますが、刺激を求める黒ひょうには、もの足りない相手かも。

### ゾウ
一緒にいることは少ないけど、欠点を補い合える関係。ときどき会うくらいが最高の距離感です。

### ひつじ
ライバルになることが多いけど、友だちの中で一番気になる存在。お互いのよき理解者となれます。

### ペガサス
刺激的な関係なので急速に接近しますが、なかなか長続きしない関係。親密な付き合いはムリかも。

## 本人がライオンで友だちが…

### 狼
個人主義の狼と親分肌のライオンは接点が少なく、思い通りにならないのでストレスを感じるかも。

### こじか
常にライオンが優位に立てる関係なので、余裕をもってこじかを甘えさせてあげられます。

### 猿
面白くて気を使ってくれますが、猿にとっては実は苦手な相手。本音で話がしにくいからなのです。

### チータ
プラス思考同士で、一緒ならパワー倍増の心強いパートナー。チータのきつい一言には要注意を。

### 黒ひょう
ライオンの思い通りになる相手です。いつもベッタリというより、時々会うのに最高のパートナー。

### ライオン
自分に似ているので大好きになるか、イヤなところが目について大嫌いになるかのどちらか。

### 虎
対等に付き合える貴重な存在。お互いに相手を尊重するので、いい距離感の関係を築いていける。

### たぬき
どんなときも嫌がらずにじっくりと話を聞いてくれる親友。なくてはならない不可欠の存在です。

### 子守熊
何でも計算ずくで苦手な存在。おとなしい子守熊に、なぜかコントロールされてしまいます。

### ゾウ
お互い、自信家に見えて繊細な神経の持ち主。相手の考えが手に取るように分かる関係です。

### ひつじ
いったん仲良くなると、家族みたいに親密な間柄に。切っても切れない深い縁を感じる相手です。

### ペガサス
スケールの大きさでは互角の良きライバル。直接ぶつかり合わないので、末永く付き合えそう。

## 本人が虎で友だちが…

### 狼
わかり合える関係ですが、遊ぶのは別の人。お互いに必要なときに必要な付き合いをする仲です。

### こじか
なぜか気になる存在で、必ずグループの中で一緒になります。不思議と引き付けあう縁を感じます。

### 猿
ちょこちょこと行動的な猿とはいい相性。猿がムキになってケンカしてもすぐに仲直りできます。

### チータ
社交的なチータは、言うことを聞いてくれる便利な存在。ただ、本心が読みにくく理解不能な事も。

### 黒ひょう
お互いに大きな影響力を持ち、長く付き合える親友の関係。困っているときに助けてくれます。

### ライオン
大勢でいると長所を発揮し合える友だちですが、双方の自己主張が激しいので親密にはなれません。

### 虎
価値観が同じなので、理解し合える存在です。一線を越えなければ、最高のパートナーとなれます。

### たぬき
すぐに熱くなる虎は、ほんわかムードのたぬきにいやされます。友だちにしておきたい存在。

### 子守熊
裏表のない者同士なので、お互いに信頼して心を開けます。長く親友として付き合えます。

### ゾウ
周囲とのバランスを大事にする虎に対して、思いつきで大胆な行動をするゾウは不可思議な存在。

### ひつじ
ひつじの優しさにホッとできますが、何事にも時間がかかる性格がわずらわしくなるときも。

### ペガサス
浮世離れしているペガサスとは理解し合えないものの相性は悪くありません。必ず出会う関係です。

## 本人がたぬきで友だちが…

### 狼
珍しく狼が甘えられる存在がたぬき。一度出会うと、長く続くいつまでもいい関係で付き合えます。

### こじか
どちらも相手の立場でモノを考えるので、なかなか前に進めません。優しい者同士で相性は○。

### 猿
気を使って動き回ってくれる猿は、最高のパートナー。相性も良いし、長く付き合える仲間です。

### チータ
のんびりたぬきとスピーディーチータは対称的。たぬきを外に連れ出してくれる楽しい存在です。

### 黒ひょう
古風なたぬきと流行に敏感な黒ひょう。流行に遅れ気味なたぬきには、やや緊張する存在です。

### ライオン
縁の下の力持ち的なたぬきと、表舞台で活躍するライオン。息が合えば最高の関係になれます。

### 虎
しっかり者の虎が、たぬきには振り回されっぱなし。たぬきは虎から気にされる存在なのです。

### たぬき
いつまで会話していても飽きないエンドレスの関係。趣味も行動パターンも同じでストレスはゼロ。

### 子守熊
平和主義者の子守熊とたぬきは似ている関係ですが、子守熊のサービス精神までは真似できません。

### ゾウ
勢いで何事も決めてしまうゾウは、たぬきにとっては尊敬できる存在。ついて行くしかない。

### ひつじ
周囲との調和と協調を第一に考える者同士。お互いに遠回しな物言いで、誤解を与えることも。

### ペガサス
うっかりの多いたぬきを許してくれるのがペガサス。感覚で生きている憧れの存在でもあります。

# ウチの子の友だちとの相性

## 本人が子守熊《コアラ》で友だちが…

### 狼
適度な距離感があればなごめる存在。それぞれ自分のペースで行動するので、邪魔になりません。

### こじか
子守熊のサービス精神旺盛な言動を一番喜んでくれるので、こじかの言うことを聞いてしまいます。

### 猿
些細なことで争いあう究極のライバル。お互いに負けず嫌いでムキになりますが、意外と仲良し。

### チータ
派手なチータと地道な子守熊。似たところはありませんが、なぜか子守熊が主導権を握ります。

### 黒ひょう
警戒心の強い子守熊が、不思議と無防備になるいやしの相手。黒ひょうにだけは優しくなれます。

### ライオン
威圧感のあるライオンは、子守熊にはプレッシャーの存在。長く一緒にいると疲れてしまいます。

### 虎
子守熊の気持ちを一番理解してくれる存在が、虎。お互いに何でも相談できる親友の関係です。

### たぬき
子守熊のペースを尊重してくれるたぬきは気楽に付き合える友だち。一緒にゴロゴロするのが最高。

### 子守熊
手の内を見抜かれてしまうので手ごわい相手。お互いの欠点は目につきますが、反面教師に。

### ゾウ
アウトドア派のゾウといると外遊びが楽しくなります。一緒にはしゃぐには抜群の相性です。

### ひつじ
疲れているときや落ち込んでいるとき、ひつじは救いの存在。お互いに助け合う無二の親友です。

### ペガサス
石橋を叩いて渡る子守熊にとって、自由にはばたくペガサスは未知との遭遇。1対1だと衝突も。

## 本人がゾウで友だちが…

### 狼
内心は繊細なゾウは、狼のなにげないキツイ一言で傷つきます。狼のペースにはまります。

### こじか
無邪気なこじかは、ゾウから見るとペットのような存在。いじめられていたら助けに行きます。

### 猿
猿には振り回されっぱなしだけど、なぜかウマが合う関係。いないと寂しい存在なのです。

### チータ
似た個性ですが、表現の仕方は別。派手なパフォーマンスで人気者のチータがうらやましい存在です。

### 黒ひょう
黒ひょうの一言多いところが苦手。でも最終的には、黒ひょうはゾウを尊敬しているから大丈夫です。

### ライオン
プライドの高さで他を圧倒する者同士、他の人には気を張っていても、ライオンとならリラックス。

### 虎
どうしても緊張を強いられてしまう存在。何でもハッキリ言う虎には苦手意識を持ってしまいます。

### たぬき
ゾウの言うことを何でも素直に聞いてくれる、かけがえのない存在がたぬきなのです。

### 子守熊
身近な存在のようで、どこか距離感を感じてしまいます。遊び友だちとしてならうまくいきます。

### ゾウ
いつもベッタリと一緒にいることは不可能ですが、良き相談相手として付き合えばOKです。

### ひつじ
いつも集団行動のひつじとチームプレーが苦手なゾウは違うタイプ。だから友だちになれるのです。

### ペガサス
雰囲気は違うけど、好みがハッキリして直感や感性が豊かなところは共通点。許しあえる仲間です。

## 本人がひつじで友だちが…

### 狼
昔から「ひつじと狼」は強く引き付け合う関係。しっかり者でカッコいい狼は、ひつじの憧れです。

### こじか
ひつじは、無邪気なこじかがかわいくて仕方ありませんが、些細なことで関係が悪化する場合も。

### 猿
陽気で元気な猿は、ひつじに勇気を与えてくれる存在。いつも一緒にいても飽きません。

### チータ
熱血チータと冷静ひつじ。タイプが全然違うから面白い。長所も短所も補い合える関係です。

### 黒ひょう
流行通同士、情報合戦が展開されます。いいライバルとしてひつじを成長させてくれるでしょう。

### ライオン
ひつじは、ライオンのお気に入りなので、とことん面倒を見てもらえて、守ってもらえます。

### 虎
強そうな虎も、ひつじの前ではメロメロ。いやし合う関係なので、長く友だちとして付き合えます。

### たぬき
人当たりのいいたぬきが、実はひつじにはプレッシャー的存在。たまに会うには最高の相手です。

### 子守熊
気持ちも行動パターンも似ている者同士。グチもボヤキも、子守熊なら最後まで聞いてくれます。

### ゾウ
ひつじにとってゾウは頼りになる存在。でも、頼りすぎると嫌がられます。普通の友だちが一番。

### ひつじ
自分とそっくりなだけに、何もかも大好き。一緒にいてもストレスを感じない双子のような存在。

### ペガサス
思考回路も言語も違うので話はかみ合いませんが、ペガサスの不思議な魅力がひつじをとりこに。

## 本人がペガサスで友だちが…

### 狼
世の中の評価とは無関係に生きるユニークな存在同士なので、よき友人として理解し合えます。

### こじか
無邪気なところは似た者同士。こじかに妙になつかれてついつい面倒を見てあげるペガサスです。

### 猿
猿にやられっぱなしのペガサス。でも不思議とストレスにならず、意外と相性はいいのです。

### チータ
どちらも単純明快な性格。気分にムラはあるけど、常にイケイケな挑戦者として理解し合えます。

### 黒ひょう
お互いに感性が豊かで、独特の美的感覚も甲乙つけがたい。適当な距離があれば、最高の相性です。

### ライオン
印象は正反対に見えるけど、実はそっくりな相手。全部肯定するか否定するかのどちらかです。

### 虎
何をやっても虎にはかないませんが、ペガサスは優雅に知らん顔。つかず離れずのくされ縁的関係。

### たぬき
ペガサスにとって、心のふるさとのように落ち着ける存在。わがままを何でも聞いてくれます。

### 子守熊
心配性の子守熊は、無計画で自由気ままなペガサスに対してなかなか心を開いてくれません。

### ゾウ
親近感を感じ合う存在。人の話を聞かない者同士が、この組み合わせだとよく聞くから不思議です。

### ひつじ
親切なひつじとは、理解し合えないものの、一緒にいても気にならないありがたい存在です。

### ペガサス
言葉ではなく、お互いにテレパシーで通じ合う間柄。唯一自分を認めてくれる特別な存在です。

子どもキャラナビコラム②

# 母音《ぼいん》・子音《しいん》・父音《ふいん》？

私が小学校高学年の頃のことです。ローマ字を習い始めたときに、先生が「母音」と「子音」について教えてくれました。「母音というのは、〈あ・い・う・え・お〉の音。子音は〈あ・い・う・え・お 以外〉の音で…」。私は不思議な思いにとらわれました。「母と子だけで、どうして父がいないんだろうな…」。

国語辞典や百科事典などを片っ端から調べてみましたが、やっぱり「父音」という言葉を見つけることはできません。ある日、学校の先生に素直にその疑問をぶつけてみました。すると、「ふざけたこと言わないで、ちゃんと言われた通り勉強しなさい！」と逆に叱られてしまいました。子どもの真剣な疑問に向き合わない先生に、私は失望してしまったのを覚えています。

それから何年かして、高校生になった頃、ふと考えました。「言葉は、母音と子音の組み合わせで成り立っている。でも、気持ちのこもってない言葉は、相手には伝わらない………。もしかしたら、この“気”が、父音なんじゃないか？」

単に母音と子音を組み合わせて言葉を発しても、心が、気が入っていないと相手には伝わりません。しかし、強い思いや願いがこもった言葉は、時間や距離や空間を飛び越えて、相手に伝わるのです。この、言葉にこめる気、言霊、波動、エネルギーが、父音なのではないでしょうか？

そんな風に私は思ったのです。

母音と子音だけでなく、そこに父音が組み合わさることで、生きた言葉が生まれます。自分のメッセージがなかなか子どもに伝わらないときは、「父音が入っていなかったのかな？」と、言葉に“気”を入れてみて下さい。愛情を込めると言ってもいいかもしれません。父音の入った言葉は、ちゃんと子どもの心に届くはずです。明日からは、父音をこめた生きた言葉で子どもたちに接してみませんか？

# 第3章

# パパもママも知りた〜い！ おとなキャラナビ

「子どものキャラは分かったけど…、私って何のキャラ？」　第3章では、パパやママのキャラもナビゲーション。これで、親子の相性や家族の関係もバッチリです！

# おとなキャラナビ

## 狼

### 狼パパ

子どもが生まれると仕事に精を出す、家族をとても大事にするパパです。早く自立してもらいたいので、多少厳しくもありますが、子どもの人格も尊重します。普段はベタベタしませんが、心から子どもを愛しています。経済的にいつまでも甘えることを許しませんので、経済的に独立するまでが「子ども」と考えています。

### 狼ママ

子どもが生まれると、愛情の対象がパパから子どもへと一気に移ります。個性的な子どもに育てたいと思っているので、他人との比較には興味がありません。時間やルールを破る人を嫌いますので、約束を守らないときは許してくれません。結局は、自分の理想の子育てを描いているので、子どもを自分の思い通りにしたがります。

## こじか

### こじかパパ

子どもが生まれるとすべて子ども中心となります。当然子どもの写真は持ち歩き、携帯の待ち受け画面に設定。お風呂に入れるのはパパの役目だし、目の中に入れても痛くありません。基本はマイホームパパなのですが、仕事上の付き合いも断れないので、ストレスをためてしまいます。週末は、家族との絆をとても大切に考えています。

### こじかママ

子どもが生まれると、もう子育てに一杯一杯。特に0歳から5歳くらいまでは、自分を犠牲にして子育てに没頭します。ただ、人間関係には敏感なので、公園デビューやお母さん方との付き合いに気を使いすぎてストレスもたまります。気を許せる友だちが話し相手になってくれると安らぎます。パパが育児の疲れを聞いてくれないと悲しくなってしまいます。

ひとり一人の子どもに個性があるように、もちろんパパにもママにも個性があります。150ページを見て、ご自分のキャラもぜひ調べてみて下さい！

## 猿

### 猿パパ

世界で一番自分の子どもがかわいいと思っています。子育てもゲーム感覚で、夫婦間で役割分担をきちんと決めたがります。子どもが大きくなると、アウトドアやキャンプに家族で行きたがります。子どもだけでなく、自分や家族も楽しめるプランが大好きなのです。いくつになっても大人になりきらない子どもっぽさが魅力のパパです。

### 猿ママ

絶対に他のママに負けたくないので、常に育児本などを読んで、全項目で平均以上の子どもに育てようとします。負けん気は強いのですが、サバサバした性格なので、翌日以降にストレスは持ち越しません。子どもが成長するに従って、子どもとは友だちのような感覚で付き合えるようになります。何をやっても憎めないオテンバのママです。

## チータ

### チータパパ

子どもが生まれると、ハッスルしてしまうパパ。でも自分中心なので忙しいときは知らん顔。アウトドアタイプなので、子どもは外で走り回って傷のひとつも作るくらいでないと、と信じています。子どもを絶対にスポーツ選手にしたいと思ってますから、運動会などでは自分も張り切ってしまいます。おだてるとお小遣いをくれる、そんな分かりやすいパパです。

### チータママ

行動派のママ。どこへ行くにも子ども連れで、その行動範囲は無限です。ファッションにも敏感で、理想は世間から注目されるセレブですから、服装は派手になります。子どもにも可能性を求めるので、自分ができなかったことを全部させようとします。ピアノ・バレエなど自分のお稽古事も多彩ですが、長続きしないのが難点。イケイケで人気者のママです。

# 黒ひょう

## 黒ひょうパパ

子どもに振り回されがちな子煩悩パパ。いつも子どもに話しかけながら自分の存在をアピールします。子どもにとってパパが一番でないと気がすまないのです。子どもがママにばかりなついていると、嫉妬してしまいます。子どもの服装にもうるさく、デパートの子どもコーナー情報には精通しています。子育てに関してママと口論になることもしばしばあります。

## 黒ひょうママ

最新情報を駆使した子育てトレンドを実践するハイセンスなママ。ただ、情報に振り回されて時々方向性を見失うことも。何歳になってもオバサンにだけはなりたくないと思っているので、子育て中でも自分の時間は大切にします。カッコいい子育てを理想とし、欧米流を取り入れたりします。子どもの服もシックに決めたいので、もらった服には手をつけません。

# ライオン

## ライオンパパ

子どもが生まれると「これでやっと俺も一人前」と悦に入ります。常に一流を目指すので、子どもにも厳しくそれを求めます。ただ、子どもにママを独占されてしまうのは許せず、「俺と子どものどっちが大事なんだ！」と爆発することも。外では毅然としていますが、本当は自分が甘えたいのです。でも、ご機嫌のときは子どもをペットのように連れ回します。

## ライオンママ

子育てには厳しく、まさに「わが子を谷に突き落とす」かのごとくです。常に完璧を目指すので、妥協することはありません。そのため、ときに心の余裕をなくすことも。学校の役員を引き受けたり、地域のリーダーとして活躍します。パパの職業や学校の格付けにもこだわりを見せる教育ママとなります。礼儀礼節には最も厳しい。

## 虎

### 虎パパ

子どもが生まれると、今まで以上にパワフルに仕事に励んでしまう熱血パパ。正義や真実を重んじるので、子どもに対しても反道徳的なことは許しませんが、それ以外の細かいことには口を出しません。平日は仕事中心、週末は家族中心、とバランスをとても大事にします。感情的になることは少なく理論的に話をしてくれる、子どもから見ると優しいいいパパです。

### 虎ママ

子育てと仕事の両立ができるキャリアウーマン的やり手のママ。お母さん仲間からも頼りにされる存在で、自然とリーダーになります。子育てに手を抜くことはなく、中途半端が嫌いながんばり屋さん。博愛の精神が強いので、他人の子どもでも悪いことをしたらキツく叱ります。バランスを崩すとイライラが爆発することもあるので、パパの協力が不可欠です。

## たぬき

### たぬきパパ

子どもが生まれても、実感がわかずにとまどうかわいいパパです。どう接したら良いかわからないので、遠めに温かく見守るような子育てとなります。子どもの事はママに任せて、自分の仕事をきちんとこなそうと努力します。側面支援型の子育てですが、21世紀の子育ては夫婦が力を合わせるのが基本。役割分担をしながら、ママの負担を軽くしてあげましょう。

### たぬきママ

いつも子どもの事を最優先し、さらにパパのことも忘れないので、自分のことは後回しとなってしまいます。家族の喜んでいる顔を見るだけで満足してしまうのです。我慢強く弱音を吐かないところは見事ですが、一杯一杯になるとキレて全部投げ出してしまうので、適度なガス抜きが必要です。何でも話せるママ仲間がいればOK。

## 子守熊《コアラ》

### 子守熊パパ

常に長期的な展望に立って物事を考えるので、子どもが生まれると成人するまでの将来設計に取りかかります。外でがんばって仕事している分、家ではのんびりしたいと思っているので、育児にあまり熱心ではなく、あくまで自分のペースが大事。でも、親としての自覚は十分にありますので、経済的に困らせるようなことはありません。

### 子守熊ママ

心配性なのでちょっとした事でも病院に連れて行く神経質なママ。子育てに熱心なあまり、自分が精神的に参ってしまうこともしばしば。体力を消耗しないように、家の中での子育てが中心となりがちですが、たまには近くの公園でのびのびと走り回らせましょう。子どもと一緒に昼寝をするなど、リラックスしながら子育てすることを覚えると楽になります。

## ゾウ

### ゾウパパ

子どもが生まれると、父親としての威厳が備わってくる古風なパパ。子育ても、大きな方向性だけ決めて、細かいことには口を出しません。子どもの事に関してはママに全幅の信頼をおいてお任せです。おおらかな放任主義の子育てスタイルですから、子どもにとってはいいパパに映りますが、言うことを聞かないと大きな雷が落ちることがありますので要注意。

### ゾウママ

子どもは自由に育てるのが一番と言いながらも、自分の高い理想通りに育てようと一生懸命になってしまうママです。でも、子育て中のゾウママには怖いものなどありませんから、一家の中心は当然ママです。子どもには少々プレッシャーに感じられます。世界で活躍できるグローバルな子どもに育てたいから、欧米の教育システムにも興味があります。

# ひつじ

## ひつじパパ

家事も積極的に手伝う理想的なパパ。家族サービスが生きがいで、家族の輪をとても大切にします。隣近所との付き合いにも熱心で、「いいお父さん」と言われることに快感を覚えます。疲れていても休日にはドライブや家族旅行の計画。みんなの喜んでいる顔を見ているだけで幸せな気分になれるのです。頼りにされるとますますがんばってくれます。

## ひつじママ

周囲のお母さんと足並みをそろえて同じように子育てしようとがんばってしまうママ。「みんなと一緒」が理想なので、個性が強い子どもだと逆に心配になってしまいます。つい、帰宅後のパパに愚痴ってしまいますが、実は話を聞いてもらうだけで満足なのです。世間体には気を使うので、お行儀などにはうるさいママです。

# ペガサス

## ペガサスパパ

自分が子どものように自由で天真爛漫なので、父親としての自覚がうすいパパです。自分が束縛されたくないので、子どもを束縛することもありません。芸術家的な自由人なので、子育てにもムラがありますが、この無邪気さのおかげで、子どもは逆に早く大人になります。国際感覚を身に着けさせたいので、小さいうちから子どもの留学を考えています。

## ペガサスママ

子どもが生まれても、基本的には何も変わらないペガサスママ。子育ても集中的にがんばりますが、面倒くさがり屋なので、保育のプロに任せてしまいがち。でも、子どもの才能を見抜くセンスは見事で、常識にとらわれない天才的な育児法で自らも子育てを楽しんでしまいます。子どもの個性が一致すると、間違いなく世界的な天才として世に送り出すことでしょう。

# 月・地球・太陽
## ～家族でじゃんけんぽん！～

この本でご紹介した12の動物グループは、大きく分けると、「月・地球・太陽」の3グループに分類することができます。そして3つのグループは、「じゃんけん」のような「グーはチョキに強いが、パーには弱い」という力関係で成り立っています。そして、それは家族関係の中でも有効なのです。各グループの関係を理解して、良好な家族関係のためにどうぞご活用ください。

SUN

## 太陽グループ

- ●ワクにはめられたくない
- ●めざすは成功者
- ●可能性を大切にする
- ●「すごい！」「面倒くさい…」
- ●ムラがある

人前で弱音を吐かないで、太陽のようにいつも光り輝いていたい「天才」チームです。月グループに対してはその場のノリで圧倒しますが、地球グループの堅実さにはタジタジです。

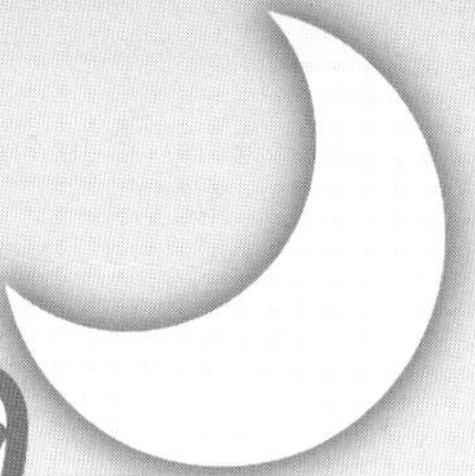

MOON

# 月グループ

グー

●ケンカしたくない
●目指すは人格者
●友だちとのつき合いを大切にする
●「なんで？」「どうして？」
●ムダが多い

やわらかな光で人をつつみこむような協調性の持ち主の「いい人」チームです。直感で押しまくる太陽グループには気おされてしまいますが、実利重視の地球グループには頑固に抵抗します。

EARTH

# 地球グループ

チョキ

狼

猿

虎

子守熊

●ペースを乱されたくない
●めざすは財産家
●自分の世界を大切にする
●「一生懸命！」「納得！」
●ムリをする

形や実のあるものを信じる、地に足がついた「しっかり者」チームです。太陽グループの直感的な考えはバッサリ否定しますが、はっきり言わない月グループには苦手意識があります。

# 親子の相性

## 親が狼で子どもが…

| | | |
|---|---|---|
| **狼** 同じキャラだと、どうしても欠点に目がいきがち。似たもの同士ですから、理解してあげましょう。 | **こじか** すぐに寄ってきてくっつくので、家事がはかどらず怒鳴ってばかり。たまには抱きしめてあげて。 | **猿** 友だちのように仲良しですが、なぜかいつもケンカ。子どもも負けずに口答えで応酬してきます。 |
| **チータ** 他の人の言うことは聞きませんが、親には素直。ほめて育てるとどんどん才能が開花していきます。 | **黒ひょう** 外ではいい子ですが、家ではワガママ。親は振り回されっぱなしで、ヘトヘトになります。 | **ライオン** 元気一杯で自分の感情に素直な子ども。気分に波があるので、2倍気を使わなくてはなりません。 |
| **虎** 手のかからない子どもですが、親に似て何でも本音。納得するまで説明してあげましょう。 | **たぬき** 甘えん坊でいつも親と一緒にいたがる子どもです。小さい頃はおとなしいので手がかかりません。 | **子守熊** おとなしくて家でいつもゴロゴロ。大声で叱ると逆効果なので、時間をかけて長い目で見てあげて。 |
| **ゾウ** 親にとっては一番楽にいられる関係です。できるだけほめて上手に育ててあげましょう。 | **ひつじ** 話が長いので聞いていると疲れてしまいますが、相性は◎。スキンシップを大事にしましょう。 | **ペガサス** 何を考えているかわからない不思議な子ども。天才的な言動を受け入れて、大人扱いを。 |

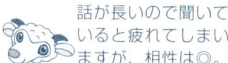

## 親がこじかで子どもが…

| | | |
|---|---|---|
| **狼** 一人遊びが多くて不安になりますが、それは狼だから。自分でできることはさせてあげましょう。 | **こじか** 親が子どもの頃にそっくり。自分ができなかったことを押し付けないで、自然体に育てましょう。 | **猿** 落ち着きがなく元気一杯。動き回ってじっとしてませんが、叱らずのびのびと育てましょう。 |
| **チータ** 言うことを全然聞きません。いたずらもしますが、それも個性と割り切って自由に育てましょう。 | **黒ひょう** お喋りが大好きな子どもです。何気ない一言に傷つくので、優しく穏やかに育ててあげましょう。 | **ライオン** 相性はいいのですが、親の言うことを全然聞きません。自由奔放な王子さまだと思ってください。 |
| **虎** しっかりしていて、手間はかかりません。逆に親が子離れができずに、過干渉とならないように。 | **たぬき** 家ではおとなしくても、外では意外に社交的で人気者の子。話をさえぎらずに聞いてあげましょう。 | **子守熊** スロースターターでのんびり屋に見えますが、結構しっかり者。口やかましく言うと逆効果です。 |
| **ゾウ** 親の言うことをなかなか聞きません。のびのびと育ててあげれば、能力を発揮できます。 | **ひつじ** 相性は最高。スキンシップを大切に、親の方からいつも話しかけてあげるようにしましょう。 | **ペガサス** 目が離せない子ですが、厳しく育ててしまっては逆効果。放任主義で育てましょう。 |

ケンカをしない親子なんていませんが、キャラ同士の相性を知っておけば、無用なストレスは避けられます。
親子のキャラ組み合わせ別の、子育てワンポイントアドバイスです。

## 親が猿で子どもが…

- **狼**　自分の分身だと思って、自然体で接して。他人と比較せず、個性を生かしてあげるのがコツ。
- **こじか**　いつもベッタリなので手を焼きますが、出来る限りかまってあげて。愛情を注がないとダメ。
- **猿**　細かな部分が気になりますが、それはお互いさま。上手にほめてその気にさせるのがポイント。
- **チータ**　叱ると逆効果で、面白がっていたずらをします。叱った後のフォローが大切です。
- **黒ひょう**　面倒臭がらずに話をちゃんと聞いてあげましょう。一緒にいる時間を共有することが大切。
- **ライオン**　人格を認めて、大人として接してあげましょう。良い事をしたら、大げさにほめてあげて。
- **虎**　叱るときは、言い方に気をつけて。言い方が気に入らないと、絶対に言うことを聞きません。
- **たぬき**　手はかかりますが、素直な子ども。親に喜んでほしいと思っているので、手伝いをさせると○。
- **子守熊**　のんびり屋なので、何事もせかしてはいけません。時間をかけてゆっくりと育てていきましょう。
- **ゾウ**　とてもいい相性ですが、全然違う個性なので、親の価値観を押し付けてはいけません。
- **ひつじ**　いつも親と一緒にいたがります。イラつかずに、ときには甘えさせてあげることが大切です。
- **ペガサス**　いい相性です。おおらかに育てると長所がどんどん伸びます。放任でいいので、親は楽。

## 親がチータで子どもが…

- **狼**　忙しい親にとって、狼は手がかからないのでとても育てやすい子ども。ひとり遊びも平気です。
- **こじか**　親になついていつもベッタリ。相性はいいので、親の言うことは素直に聞いてくれます。
- **猿**　どうしても親の言うことを聞いてくれません。「ごほうび」をちらつかせるのが一番効果的です。
- **チータ**　ついつい厳しく育ててしまいがち。自分の子ども時代を思い出して、のびのびと育てましょう。
- **黒ひょう**　なぜかコミュニケーションが上手くとれません。素直だけど、一言多いのが親を悩ませます。
- **ライオン**　ほめればほめるほど伸びる子どもですが、厳しさと愛情のバランスも大切です。
- **虎**　子どもの言いなりになってしまう関係。毎日目標をきちんと決めてあげると素直に実行します。
- **たぬき**　厳しさは逆効果。優しく接してあげれば、興味を持ったことに集中力を発揮します。
- **子守熊**　自分のことは自分でやりたい子どもなので、自主性を尊重して育ててあげましょう。
- **ゾウ**　相性はバッチリ。目的に向かって突き進む子ですから、やりたいことを自由にさせてあげましょう。
- **ひつじ**　ケンカが大嫌いなので、子どもの前での夫婦喧嘩は禁物です。家族でお出かけも大切な教育です。
- **ペガサス**　やりたいと思ったらすぐにしないと気がすまない子ども。「待って」はこの子には通用しません。

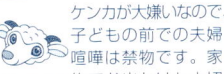

# 親子の相性

## 親が黒ひょうで子どもが…

**狼**
自分の考えをしっかり持っていて周囲の言うことは聞きませんが、親には弱いので素直です。

**こじか**
相手の気持ちを考える優しい子ども。相性はいいので素直ですが、1日1回は抱きしめてあげて。

**猿**
早とちりが多く早合点してしまいがち。親の言うことも最後まで聞きません。

**チータ**
鉄砲玉のように飛び出したらどこへ行くかわかりません。反抗的にも見えますが、小言は逆効果。

**黒ひょう**
友だちを大事にする子ですから、ケンカにはそれなりの理由があるはず。頭ごなしで叱っては×。

**ライオン**
弱音を吐かない我慢強い子どもですから、上手に気持ちを察してあげることが大切です。

**虎**
親分肌で子どもの中ではリーダー的存在。理由もなく叱ったのでは絶対に納得しません。

**たぬき**
自分の世界をとても大事にします。家ではおとなしく、親のお手伝いをさせると喜びます。

**子守熊**
家でゴロゴロしていることが多いので、親としてはつい小言を言いたくなりますが、ここは我慢。

**ゾウ**
親の話を全然聞こうとしません。長い話はタブーなので、ポイントを一言にまとめて。

**ひつじ**
子どもとの約束を破るのは禁物。約束事をとても大事にする几帳面な子どもなのです。

**ペガサス**
束縛すると子どもの個性がつぶれてしまいます。奔放さを生かしてのびのびと育てましょう。

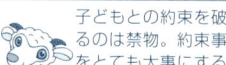

## 親がライオンで子どもが…

**狼**
自分のペースを大事にする子。親の都合で予定を変更してばかりだと言うことを聞かなくなります。

**こじか**
強く叱ると自分の殻に閉じこもってしまいます。優しく接することを心がけましょう。

**猿**
負けん気の強い子ども。親の言うことは聞きませんが、ライバルをちらつかせるとがんばります。

**チータ**
相性はいいですが、お母さんが厳しすぎるので、ついつい反抗的な態度をとってしまいます。

**黒ひょう**
子ども同士のケンカに親の口出しは禁物。子どもなりのルールと言い分があるのですから。

**ライオン**
同じ個性で理解し合えるはずですが、なぜかいつもぶつかってしまいます。大人として接して。

**虎**
感情だけで叱ってはいけません。叱られる理由が納得できないと、信頼関係が崩れてしまいます。

**たぬき**
頭ごなしではなく、さりげなく教えてあげると素直に言うことを聞きます。親には従順です。

**子守熊**
スパルタ教育は効果がありません。長期的展望に立って、長い目で育ててあげてください。

**ゾウ**
何かを達成したら、最大級のほめ言葉をかけてあげましょう。自信がつけば、どんどん成長します。

**ひつじ**
みんなのために尽くそうとする子ども。友だちを大事にしてあげると、とても喜びます。

**ペガサス**
「すごい、すごい！」とほめられるのが大好き。どんどん持ち上げて、その気にさせるのが一番。

## 親が虎で子どもが…

| | | |
|---|---|---|
| **狼** お互いに頑固なので、些細なことで衝突。素直に「ごめんね」が意思疎通のキーワードです。 | **こじか** 甘えん坊のこじかに対して、虎の親は少し厳しすぎ。叱って育てるよりも、情で育ててあげて。 | **猿** 目を離すと自分の好きなことしかしない子どもです。でも、虎の小言は猿には通用しません。 |
| **チータ** 周囲の子どもと比較してハッパをかけるよりも、「がんばってるね！」と励ます方が効果的。 | **黒ひょう** いつも気にかけてあげると、素直に親の言うことを聞きます。放っておくのが一番のタブー。 | **ライオン** 外では自信満々に振舞っていても、プレッシャーには弱いので親のフォローが必要です。 |
| **虎** 思ったことをハッキリ言う子どもです。口答えしている訳ではないので、反論しないように。 | **たぬき** 追い込まれないとやらないタイプです。計画的に物事を進めるのが苦手なので、期限の管理を。 | **子守熊** 子どもだからといいい加減に対応していると、いつまでも根にもちます。誠意を持って接すること。 |
| **ゾウ** 努力を惜しまないがんばり屋です。結果を出したときには、まずほめてあげましょう。 | **ひつじ** 何でも物を集めるのが大好きな子どもですが、整理整頓は苦手なので、一緒に手伝ってあげて。 | **ペガサス** いくつになっても、赤ちゃんのように自由気ままです。厳しいしつけは本人のためになりません。 |

## 親がたぬきで子どもが…

| | | |
|---|---|---|
| **狼** ひとりの時間を大事にする子ども。親の過干渉はマイナスに作用するので自主性を大事にしてあげて。 | **こじか** 家族の団らんが一番の環境です。夫婦仲良く、休日はみんなで過ごす時間を優先させましょう。 | **猿** 相性は抜群なので、少々厳しく育てても大丈夫。明確な目標を与えてあげると素直にがんばります。 |
| **チータ** 突発的な行動がときどき理解不能な子どもです。手こずりますが、少々のことには目をつぶる覚悟で。 | **黒ひょう** みんなを喜ばせるのが大好きな人気者の子ども。お古は大嫌いなので、服や文房具は新しいものを。 | **ライオン** みんなと同じように育てようとしては×。平均的に育てるよりも個性的に育てた方が伸びる子です。 |
| **虎** 親があまり手を出さない方が、自立して育つ子ども。かまい過ぎない、バランスのいい子育てを。 | **たぬき** 親の期待が大きすぎるとプレッシャーに感じる子です。好きなことを自由にさせてあげましょう。 | **子守熊** お稽古事などをさせると、いい成績が出るようにがんばりますが、押し付けは禁物です。 |
| **ゾウ** しっかりした子どもですが、親は振り回されっぱなし。好きにさせておくしかありません。 | **ひつじ** いつも友だちを沢山呼んで家で遊びたい子どもです。自慢の手作りおやつでもてなしを。 | **ペガサス** 注目されることが大好きな子ども。厳しいしつけよりも、おおらかな環境がとても大事なのです。 |

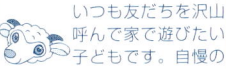

# 親子の相性

## 親が子守熊《コアラ》で子どもが…

- **狼** 他人との比較はタブー。少々変わったところのある子どもですが、個性を伸ばしてあげましょう。
- **こじか** いつも一緒にいたがるので、親は自分の時間が持てずにストレスを感じるかも。
- **猿** 何でもゲーム感覚で楽しむ子どもです。子育てにもゲーム感覚を取り入れて楽しく過ごしましょう。
- **チータ** 長期的に物事をとらえられない子どもですから、目先のことへのすごい集中力を伸ばしてあげて。
- **黒ひょう** 服装や持ち物などにとても気を使う子どもです。着られれば何でもいいと思ってはいけません。
- **ライオン** 感性に響くように伝えた方がいい子どもです。社交性を伸ばしてあげると頼もしいリーダーに。
- **虎** 子どもの割にはしっかりしています。親と感性が似ているので、友だちのような親子関係に。
- **たぬき** ほのぼのとした雰囲気で、お母さんに対してもいつも返事がいいのでほめてあげましょう。
- **子守熊** 慎重なので自分から危険なものには近づきません。無理強いは逆効果ですから、強制しないように。
- **ゾウ** 大人びていて、記憶力も抜群の子ども。適当に返事をしているようでも、ちゃんと覚えています。
- **ひつじ** 期待に応えたいといつも思っているので、親の気持ちを伝えてあげることが大切です。
- **ペガサス** 親は友だちへの自慢の対象だと思っています。いつもおしゃれなパパママでいてください。

## 親がゾウで子どもが…

- **狼** 適当に放ったらかしても平気な子ども。好きなことを自由にさせておくのが一番の子育てです。
- **こじか** 毎日の出来事を何でも話したがる子ども。少々面倒臭くても、聞いてあげましょう。
- **猿** かわいくて仕方ないので、甘やかしてしまいがちですが、ときには厳しくしつけることも大切です。
- **チータ** 良いところも悪いところも似たもの親子。「ワンパクでもいい、たくましく育って欲しい」でOK。
- **黒ひょう** 親にかまってもらえないとスネてしまう繊細な子どもです。コミュニケーションが不可欠です。
- **ライオン** わがままなところがありますが、叱るのは逆効果。上手にほめるのが最高の子育てとなります。
- **虎** 成功者などの伝記を読んであげると興味を持ちます。自分の目標が決まったらがんばれる子です。
- **たぬき** おじいちゃんやおばあちゃんにかわいがられる子どもです。お母さんの言うことには絶対服従します。
- **子守熊** 「寝る子は育つ」のことわざ通り、よく寝る子どもです。どこでも寝られるので子育ては楽なハズ。
- **ゾウ** 人が見ていないところでも努力する子。プライドがとても高いので、ほめて自信をつけてあげて。
- **ひつじ** 一日中話しかけてくるので、親は気が休まりません。先手必勝、強く抱きしめてあげましょう。
- **ペガサス** いつの間にかフッといなくなってしまうような子どもです。伸び伸びと育ててあげましょう。

## 親がひつじで子どもが…

| | | |
|---|---|---|
| **狼** かわいくてついスキンシップをとりがちですが、ベタベタするのが嫌いな子であることをお忘れなく。 | **こじか** 親ととてもよく似ています。愛情が不足すると素直に育ちませんので、100%の愛で育てましょう。 | **猿** 親の顔色を見るのが得意な、やんちゃな子ども。猫っかわいがりは本人のためになりません。 |
| **チータ** いつも親の言うことの反対ばかりをして困らせます。少し距離をおいて見守ってあげるのが一番。 | **黒ひょう** ずっとそばにいても気にならない相性のいい親子。周囲の目を気にせず自信をもってOKです。 | **ライオン** 口が達者で親も負けてしまいます。子ども扱いせずに対等の立場でモノを言うと効果があります。 |
| **虎** 遠回しに言ってもわからない子どもなので、何でもハッキリと言ってあげましょう。 | **たぬき** 家ではおとなしいけど心配無用。外では結構社交性を発揮して、友だちの間では人気者です。 | **子守熊** 言われてもすぐには行動しないスロースターター。小さい頃は身体が弱いので守ってあげて。 |
| **ゾウ** お母さんの言うことはちっとも聞きません。ここは父親の出番です。威厳をもって接すること。 | **ひつじ** 甘やかして育てると引っ込み思案に。友だちとの関係の中で多くのことを学ばせましょう。 | **ペガサス** いちいち口うるさく言っては逆効果です。世間体を気にせず、奔放に育てて個性を伸ばしましょう。 |

## 親がペガサスで子どもが…

| | | |
|---|---|---|
| **狼** どちらも個性的な親子です。親の思い通りにはなりませんが、多少距離をもって接するのがコツ。 | **こじか** いつまでも甘えん坊な子どもです。かまってあげないと、さらに親を困らせます。 | **猿** いちいち細かく指示を出さないと動けない子どもです。ごほうびを活用すると効果があります。 |
| **チータ** 冒険が大好きで、いつもどこかにケガをしています。叱らずに放任主義で育てるのがポイント。 | **黒ひょう** 人前で叱ると取り返しがつかなくなるほど傷つきます。友だちも大事にしてあげましょう。 | **ライオン** 王様扱いに弱いので、VIP扱いをすると上機嫌です。でも、叱るべきときは厳しく叱ること。 |
| **虎** 子どもに主導権をとられてしまいがちですが、しっかりしている子なので手はかかりません。 | **たぬき** 素直に言うことを聞くおとなしい子ですが、親のそばを離れないので、拘束されてしまいます。 | **子守熊** 計画性をもった子どもです。いつもコロコロと予定が変わる親との会話は漫才のよう。 |
| **ゾウ** 個性が親に似てるので、いちいち言わなくてもアウンの呼吸。楽しく子育てできてストレスなし。 | **ひつじ** おしゃべりが大好きな子で、いつも親と一緒。相性はいいので、何でも素直に言うことを聞きます。 | **ペガサス** 外国映画に出てくるような親子関係。理屈ではなく、感性で子育てをすればパーフェクト。 |

# キャラナビネットワークのススメ

小さな子どもを持ったお母さんなら、誰もが経験する公園デビュー。「お友だちと仲良くなれるかしら？」「いじめられたりしない？」「私自身は、お母さん方の仲間に入れるかしら？」期待と不安が心の中で交錯します。地域の仲間入りをする第一歩でもあるので、失敗したくないし…。

そんなときに、コミュニケーションツールとして威力を発揮するのが、この『こどもキャラナビ』なのです。

ウチの子ネットワークノート（➡P148）に、「翔太くん」「愛ちゃん」など、公園の子どもたちの名前を書き込んでください。それぞれの子どもの個性が分かるのはもちろんのこと、子ども同士の相性（➡P122）もバッチリ把握できます。また、12キャラの関係図（➡P146）を利用すれば、公園の子どもグループの相互関係が分かりますし、じゃんけんの法則（➡P136）で個々の力関係もひと目で分かるのです。

そしてさらに！　ネットワークノートは、お母さん同士のコミュニケーションにも役立ちます。「翔太くんのお母さん」「愛ちゃんのお母さん」など、お母さんの名前もどんどん書き込んで下さい。自分と同じキャラのお母さんがいれば、価値観が同じなのですぐに親しくなれるでしょう。子ども同士のキャラが同じなら、そのお母さんとは共通の悩みに共感できるかもしれません。さらに、幼稚園や保育園の先生、学校の先生など、お子さんのネットワーク関係者の名前を書き込むのもいいですね。

ネットワークノートを活用することで、自分や子どもを取り巻く人間関係が、きれいに整理され、驚くほどコミュニケーションが円滑になります。一番理想的なのは、この本を公園に持って行って、お母さん方みんなで盛り上がりながら、個性の違いを受け入れ合うことです。比較するのではなく、違いを認め合うのです。そうすることで無用な競い合いはなくなりますし、相手の長所が見えてきます。「ウチの子ネットワークノート」は、あなた自身が作る魔法のページなのです。

# 第4章

# パーソナルデータ記入式！ キャラナビノート

「隣のヒロくんって、ライオン！　やっぱりって感じね～」と、お友だちのキャラが分かったら、どんどん書き込みましょう。お子さんの友だちネットワークが見えてきますよ。

# みんなキャラナビ！

## キャラナビサークル

12種類の動物キャラは上の図のような順番で並び、それぞれの位置によって「親友」「ライバル」などのキーワードでつながっています。これを使えば、ウチの子とお友だちの関係が一目瞭然。もちろん、親同士の関係にも当てはまりますから、次のページの「ネットワークノート」も活用して、あなただけのキャラナビノートを作ってください。

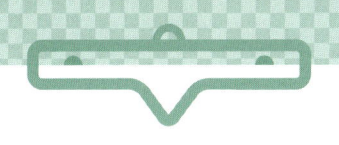

# 本人とみんなの関係

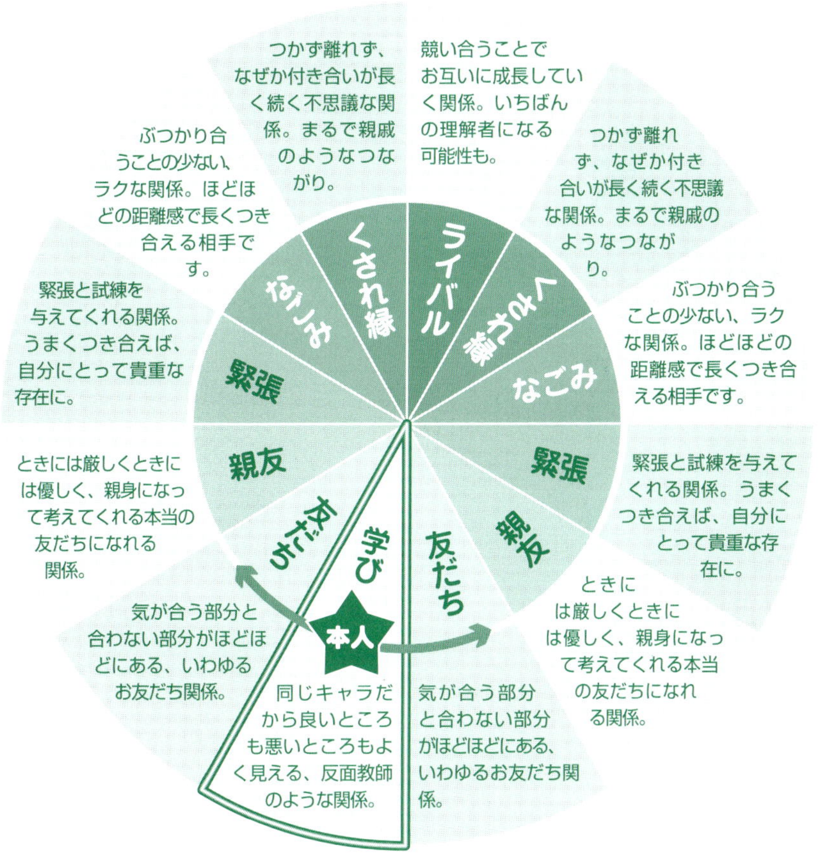


例えば、自分の子どもが子守熊だった場合、ゾウとたぬきとは「友だち」の関係、ひつじと虎は「親友」になれる関係、ペガサスとライオンは「緊張」の関係、となります。

# ウチの子・ネットワーク

## まわりの人たちとの関係が、一目でわかる！

### 記入例

一郎くん（＝本人）がチータだった場合。

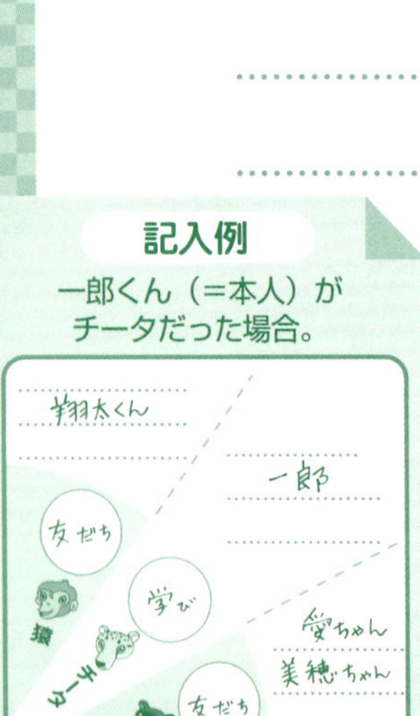

# ノート

## 使い方

①まずは本人の名前を記入。
②上の表を見ながら、◯の中を記入。
③あとは周りの人たちのキャラを調べて、どんどん書き込みましょう！

# キャラナビコード早見表

## 子どものキャラの調べ方（大人の場合も同じです）

**1** 下の表で、生まれた【年】と【月】の欄を見て、
コード数を見つける。

わたしは、1997年12月9日生まれ！
【1997年】【12月】のコード数は**13**ね

**2** コード数に、生まれた【日】の数字を足す。
（合計が61以上になった場合は、
その数から60を引く）

13＋【9日】＝**22**だね

**3** その数字を、60キャラ一覧（P154～155）
で探す。それが、その子のキャラです。

わたしは『**強靭な翼をもつペガサス**』

| 西暦（年号） | 1月 | 2月 | 3月 | 4月 | 5月 | 6月 | 7月 | 8月 | 9月 | 10月 | 11月 | 12月 |
|---|---|---|---|---|---|---|---|---|---|---|---|---|
| 1920（大正9）年 | 54 | 25 | 54 | 25 | 55 | 26 | 56 | 27 | 58 | 28 | 59 | 29 |
| 1921（大正10）年 | 0 | 31 | 59 | 30 | 0 | 31 | 1 | 32 | 3 | 33 | 4 | 34 |
| 1922（大正11）年 | 5 | 36 | 4 | 35 | 5 | 36 | 6 | 37 | 8 | 38 | 9 | 39 |
| 1923（大正12）年 | 10 | 41 | 9 | 40 | 10 | 41 | 11 | 42 | 13 | 43 | 14 | 44 |
| 1924（大正13）年 | 15 | 46 | 15 | 46 | 16 | 47 | 17 | 48 | 19 | 49 | 20 | 50 |
| 1925（大正14）年 | 21 | 52 | 20 | 51 | 21 | 52 | 22 | 53 | 24 | 54 | 25 | 55 |
| 1926（昭和1）年 | 26 | 57 | 25 | 56 | 26 | 57 | 27 | 58 | 29 | 59 | 30 | 0 |
| 1927（昭和2）年 | 31 | 2 | 30 | 1 | 31 | 2 | 32 | 3 | 34 | 4 | 35 | 5 |

| 西暦（年号） | 1月 | 2月 | 3月 | 4月 | 5月 | 6月 | 7月 | 8月 | 9月 | 10月 | 11月 | 12月 |
|---|---|---|---|---|---|---|---|---|---|---|---|---|
| 1928(昭和3)年 | 36 | 7 | 36 | 7 | 37 | 8 | 38 | 9 | 40 | 10 | 41 | 11 |
| 1929(昭和4)年 | 42 | 13 | 41 | 12 | 42 | 13 | 43 | 14 | 45 | 15 | 46 | 16 |
| 1930(昭和5)年 | 47 | 18 | 46 | 17 | 47 | 18 | 48 | 19 | 50 | 20 | 51 | 21 |
| 1931(昭和6)年 | 52 | 23 | 51 | 22 | 52 | 23 | 53 | 24 | 55 | 25 | 56 | 26 |
| 1932(昭和7)年 | 57 | 28 | 57 | 28 | 58 | 29 | 59 | 30 | 1 | 31 | 2 | 32 |
| 1933(昭和8)年 | 3 | 34 | 2 | 33 | 3 | 34 | 4 | 35 | 6 | 36 | 7 | 37 |
| 1934(昭和9)年 | 8 | 39 | 7 | 38 | 8 | 39 | 9 | 40 | 11 | 41 | 12 | 42 |
| 1935(昭和10)年 | 13 | 44 | 12 | 43 | 13 | 44 | 14 | 45 | 16 | 46 | 17 | 47 |
| 1936(昭和11)年 | 18 | 49 | 18 | 49 | 19 | 50 | 20 | 51 | 22 | 52 | 23 | 53 |
| 1937(昭和12)年 | 24 | 55 | 23 | 54 | 24 | 55 | 25 | 56 | 27 | 57 | 28 | 58 |
| 1938(昭和13)年 | 29 | 0 | 28 | 59 | 29 | 0 | 30 | 1 | 32 | 2 | 33 | 3 |
| 1939(昭和14)年 | 34 | 5 | 33 | 4 | 34 | 5 | 35 | 6 | 37 | 7 | 38 | 8 |
| 1940(昭和15)年 | 39 | 10 | 39 | 10 | 40 | 11 | 41 | 12 | 43 | 13 | 44 | 14 |
| 1941(昭和16)年 | 45 | 16 | 44 | 15 | 45 | 16 | 46 | 17 | 48 | 18 | 49 | 19 |
| 1942(昭和17)年 | 50 | 21 | 49 | 20 | 50 | 21 | 51 | 22 | 53 | 23 | 54 | 24 |
| 1943(昭和18)年 | 55 | 26 | 54 | 25 | 55 | 26 | 56 | 27 | 58 | 28 | 59 | 29 |
| 1944(昭和19)年 | 0 | 31 | 0 | 31 | 1 | 32 | 2 | 33 | 4 | 34 | 5 | 35 |
| 1945(昭和20)年 | 6 | 37 | 5 | 36 | 6 | 37 | 7 | 38 | 9 | 39 | 10 | 40 |
| 1946(昭和21)年 | 11 | 42 | 10 | 41 | 11 | 42 | 12 | 43 | 14 | 44 | 15 | 45 |
| 1947(昭和22)年 | 16 | 47 | 15 | 46 | 16 | 47 | 17 | 48 | 19 | 49 | 20 | 50 |
| 1948(昭和23)年 | 21 | 52 | 21 | 52 | 22 | 53 | 23 | 54 | 25 | 55 | 26 | 56 |
| 1949(昭和24)年 | 27 | 58 | 26 | 57 | 27 | 58 | 28 | 59 | 30 | 0 | 31 | 1 |
| 1950(昭和25)年 | 32 | 3 | 31 | 2 | 32 | 3 | 33 | 4 | 35 | 5 | 36 | 6 |
| 1951(昭和26)年 | 37 | 8 | 36 | 7 | 37 | 8 | 38 | 9 | 40 | 10 | 41 | 11 |
| 1952(昭和27)年 | 42 | 13 | 42 | 13 | 43 | 14 | 44 | 15 | 46 | 16 | 47 | 17 |
| 1953(昭和28)年 | 48 | 19 | 47 | 18 | 48 | 19 | 49 | 20 | 51 | 21 | 52 | 22 |
| 1954(昭和29)年 | 53 | 24 | 52 | 23 | 53 | 24 | 54 | 25 | 56 | 26 | 57 | 27 |
| 1955(昭和30)年 | 58 | 29 | 57 | 28 | 58 | 29 | 59 | 30 | 1 | 31 | 2 | 32 |

## コード早見表

| 西暦（年号） | 1月 | 2月 | 3月 | 4月 | 5月 | 6月 | 7月 | 8月 | 9月 | 10月 | 11月 | 12月 |
|---|---|---|---|---|---|---|---|---|---|---|---|---|
| 1956（昭和31）年 | 3 | 34 | 3 | 34 | 4 | 35 | 5 | 36 | 7 | 37 | 8 | 38 |
| 1957（昭和32）年 | 9 | 40 | 8 | 39 | 9 | 40 | 10 | 41 | 12 | 42 | 13 | 43 |
| 1958（昭和33）年 | 14 | 45 | 13 | 44 | 14 | 45 | 15 | 46 | 17 | 47 | 18 | 48 |
| 1959（昭和34）年 | 19 | 50 | 18 | 49 | 19 | 50 | 20 | 51 | 22 | 52 | 23 | 53 |
| 1960（昭和35）年 | 24 | 55 | 24 | 55 | 25 | 56 | 26 | 57 | 28 | 58 | 29 | 59 |
| 1961（昭和36）年 | 30 | 1 | 29 | 0 | 30 | 1 | 31 | 2 | 33 | 3 | 34 | 4 |
| 1962（昭和37）年 | 35 | 6 | 34 | 5 | 35 | 6 | 36 | 7 | 38 | 8 | 39 | 9 |
| 1963（昭和38）年 | 40 | 11 | 39 | 10 | 40 | 11 | 41 | 12 | 43 | 13 | 44 | 14 |
| 1964（昭和39）年 | 45 | 16 | 45 | 16 | 46 | 17 | 47 | 18 | 49 | 19 | 50 | 20 |
| 1965（昭和40）年 | 51 | 22 | 50 | 21 | 51 | 22 | 52 | 23 | 54 | 24 | 55 | 25 |
| 1966（昭和41）年 | 56 | 27 | 55 | 26 | 56 | 27 | 57 | 28 | 59 | 29 | 0 | 30 |
| 1967（昭和42）年 | 1 | 32 | 0 | 31 | 1 | 32 | 2 | 33 | 4 | 34 | 5 | 35 |
| 1968（昭和43）年 | 6 | 37 | 6 | 37 | 7 | 38 | 8 | 39 | 10 | 40 | 11 | 41 |
| 1969（昭和44）年 | 12 | 43 | 11 | 42 | 12 | 43 | 13 | 44 | 15 | 45 | 16 | 46 |
| 1970（昭和45）年 | 17 | 48 | 16 | 47 | 17 | 48 | 18 | 49 | 20 | 50 | 21 | 51 |
| 1971（昭和46）年 | 22 | 53 | 21 | 52 | 22 | 53 | 23 | 54 | 25 | 55 | 26 | 56 |
| 1972（昭和47）年 | 27 | 58 | 27 | 58 | 28 | 59 | 29 | 0 | 31 | 1 | 32 | 2 |
| 1973（昭和48）年 | 33 | 4 | 32 | 3 | 33 | 4 | 34 | 5 | 36 | 6 | 37 | 7 |
| 1974（昭和49）年 | 38 | 9 | 37 | 8 | 38 | 9 | 39 | 10 | 41 | 11 | 42 | 12 |
| 1975（昭和50）年 | 43 | 14 | 42 | 13 | 43 | 14 | 44 | 15 | 46 | 16 | 47 | 17 |
| 1976（昭和51）年 | 48 | 19 | 48 | 19 | 49 | 20 | 50 | 21 | 52 | 22 | 53 | 23 |
| 1977（昭和52）年 | 54 | 25 | 53 | 24 | 54 | 25 | 55 | 26 | 57 | 27 | 58 | 28 |
| 1978（昭和53）年 | 59 | 30 | 58 | 29 | 59 | 30 | 0 | 31 | 2 | 32 | 3 | 33 |
| 1979（昭和54）年 | 4 | 35 | 3 | 34 | 4 | 35 | 5 | 36 | 7 | 37 | 8 | 38 |
| 1980（昭和55）年 | 9 | 40 | 9 | 40 | 10 | 41 | 11 | 42 | 13 | 43 | 14 | 44 |
| 1981（昭和56）年 | 15 | 46 | 14 | 45 | 15 | 46 | 16 | 47 | 18 | 48 | 19 | 49 |
| 1982（昭和57）年 | 20 | 51 | 19 | 50 | 20 | 51 | 21 | 52 | 23 | 53 | 24 | 54 |
| 1983（昭和58）年 | 25 | 56 | 24 | 55 | 25 | 56 | 26 | 57 | 28 | 58 | 29 | 59 |

| 西暦（年号） | 1月 | 2月 | 3月 | 4月 | 5月 | 6月 | 7月 | 8月 | 9月 | 10月 | 11月 | 12月 |
|---|---|---|---|---|---|---|---|---|---|---|---|---|
| 1984（昭和59）年 | 30 | 1 | 30 | 1 | 31 | 2 | 32 | 3 | 34 | 4 | 35 | 5 |
| 1985（昭和60）年 | 36 | 7 | 35 | 6 | 36 | 7 | 37 | 8 | 39 | 9 | 40 | 10 |
| 1986（昭和61）年 | 41 | 12 | 40 | 11 | 41 | 12 | 42 | 13 | 44 | 14 | 45 | 15 |
| 1987（昭和62）年 | 46 | 17 | 45 | 16 | 46 | 17 | 47 | 18 | 49 | 19 | 50 | 20 |
| 1988（昭和63）年 | 51 | 22 | 51 | 22 | 52 | 23 | 53 | 24 | 55 | 25 | 56 | 26 |
| 1989（平成１）年 | 57 | 28 | 56 | 27 | 57 | 28 | 58 | 29 | 0 | 30 | 1 | 31 |
| 1990（平成２）年 | 2 | 33 | 1 | 32 | 2 | 33 | 3 | 34 | 5 | 35 | 6 | 36 |
| 1991（平成３）年 | 7 | 38 | 6 | 37 | 7 | 38 | 8 | 39 | 10 | 40 | 11 | 41 |
| 1992（平成４）年 | 12 | 43 | 12 | 43 | 13 | 44 | 14 | 45 | 16 | 46 | 17 | 47 |
| 1993（平成５）年 | 18 | 49 | 17 | 48 | 18 | 49 | 19 | 50 | 21 | 51 | 22 | 52 |
| 1994（平成６）年 | 23 | 54 | 22 | 53 | 23 | 54 | 24 | 55 | 26 | 56 | 27 | 57 |
| 1995（平成７）年 | 28 | 59 | 27 | 58 | 28 | 59 | 29 | 0 | 31 | 1 | 32 | 2 |
| 1996（平成８）年 | 33 | 4 | 33 | 4 | 34 | 5 | 35 | 6 | 37 | 7 | 38 | 8 |
| 1997（平成９）年 | 39 | 10 | 38 | 9 | 39 | 10 | 40 | 11 | 42 | 12 | 43 | 13 |
| 1998（平成10）年 | 44 | 15 | 43 | 14 | 44 | 15 | 45 | 16 | 47 | 17 | 48 | 18 |
| 1999（平成11）年 | 49 | 20 | 48 | 19 | 49 | 20 | 50 | 21 | 52 | 22 | 53 | 23 |
| 2000（平成12）年 | 54 | 25 | 54 | 25 | 55 | 26 | 56 | 27 | 58 | 28 | 59 | 29 |
| 2001（平成13）年 | 0 | 31 | 59 | 30 | 0 | 31 | 1 | 32 | 3 | 33 | 4 | 34 |
| 2002（平成14）年 | 5 | 36 | 4 | 35 | 5 | 36 | 6 | 37 | 8 | 38 | 9 | 39 |
| 2003（平成15）年 | 10 | 41 | 9 | 40 | 10 | 41 | 11 | 42 | 13 | 43 | 14 | 44 |
| 2004（平成16）年 | 15 | 46 | 15 | 46 | 16 | 47 | 17 | 48 | 19 | 49 | 20 | 50 |
| 2005（平成17）年 | 21 | 52 | 20 | 51 | 21 | 52 | 22 | 53 | 24 | 54 | 25 | 55 |
| 2006（平成18）年 | 26 | 57 | 25 | 56 | 26 | 57 | 27 | 58 | 29 | 59 | 30 | 0 |
| 2007（平成19）年 | 31 | 2 | 30 | 1 | 31 | 2 | 32 | 3 | 34 | 4 | 35 | 5 |
| 2008（平成20）年 | 36 | 7 | 36 | 7 | 37 | 8 | 38 | 9 | 40 | 10 | 41 | 11 |
| 2009（平成21）年 | 42 | 13 | 41 | 12 | 42 | 13 | 43 | 14 | 45 | 15 | 46 | 16 |
| 2010（平成22）年 | 47 | 18 | 46 | 17 | 47 | 18 | 48 | 19 | 50 | 20 | 51 | 21 |
| 2011（平成23）年 | 52 | 23 | 51 | 22 | 52 | 23 | 53 | 24 | 55 | 25 | 56 | 26 |

# キャラナビ60キャラ一覧

| | | |
|---|---|---|
| 1 | 長距離ランナーのチータ | 32ページへ |
| 2 | 社交家のたぬき | 68ページへ |
| 3 | 落ち着きのない猿 | 22ページへ |
| 4 | フットワークの軽い子守熊《コアラ》 | 76ページへ |
| 5 | 面倒見のいい黒ひょう | 40ページへ |
| 6 | 愛情あふれる虎 | 58ページへ |
| 7 | 全力疾走するチータ | 32ページへ |
| 8 | 磨き上げられたたぬき | 68ページへ |
| 9 | 大きな志をもった猿 | 22ページへ |
| 10 | 母性豊かな子守熊《コアラ》 | 76ページへ |
| 11 | 正直なこじか | 14ページへ |
| 12 | 人気者のゾウ | 86ページへ |
| 13 | ネアカの狼 | 4ページへ |
| 14 | 協調性のないひつじ | 94ページへ |
| 15 | どっしりとした猿 | 22ページへ |
| 16 | コアラのなかの子守熊《コアラ》 | 76ページへ |
| 17 | 強い意志をもったこじか | 14ページへ |
| 18 | デリケートなゾウ | 86ページへ |
| 19 | 放浪の狼 | 4ページへ |
| 20 | 物静かなひつじ | 94ページへ |
| 21 | 落ち着きのあるペガサス | 104ページへ |
| 22 | 強靭な翼をもつペガサス | 104ページへ |
| 23 | 無邪気なひつじ | 94ページへ |
| 24 | クリエイティブな狼 | 4ページへ |
| 25 | 穏やかな狼 | 4ページへ |
| 26 | 粘り強いひつじ | 94ページへ |
| 27 | 波乱に満ちたペガサス | 104ページへ |
| 28 | 優雅なペガサス | 104ページへ |
| 29 | チャレンジ精神の旺盛なひつじ | 94ページへ |
| 30 | 順応性のある狼 | 4ページへ |

150ページの「キャラの調べ方」で出てきた数字を、下の表から見つけてください。それが、その子のキャラクターです。大人の場合も調べ方は同じです。

| | | | |
|---|---|---|---|
| 31 | リーダーとなるゾウ | → | 86ページへ |
| 32 | しっかり者のこじか | → | 14ページへ |
| 33 | 活動的な子守熊《コアラ》 | → | 76ページへ |
| 34 | 気分屋の猿 | → | 22ページへ |
| 35 | 頼られると嬉しいひつじ | → | 94ページへ |
| 36 | 好感のもたれる狼 | → | 4 ページへ |
| 37 | まっしぐらに突き進むゾウ | → | 86ページへ |
| 38 | 華やかなこじか | → | 14ページへ |
| 39 | 夢とロマンの子守熊《コアラ》 | → | 76ページへ |
| 40 | 尽くす猿 | → | 22ページへ |
| 41 | 大器晩成のたぬき | → | 68ページへ |
| 42 | 足腰の強いチータ | → | 32ページへ |
| 43 | 動きまわる虎 | → | 58ページへ |
| 44 | 情熱的な黒ひょう | → | 40ページへ |
| 45 | サービス精神旺盛な子守熊《コアラ》 | → | 76ページへ |
| 46 | 守りの猿 | → | 22ページへ |
| 47 | 人間味あふれるたぬき | → | 68ページへ |
| 48 | 品格のあるチータ | → | 32ページへ |
| 49 | ゆったりとした悠然の虎 | → | 58ページへ |
| 50 | 落ち込みの激しい黒ひょう | → | 40ページへ |
| 51 | 我が道を行くライオン | → | 50ページへ |
| 52 | 統率力のあるライオン | → | 50ページへ |
| 53 | 感情豊かな黒ひょう | → | 40ページへ |
| 54 | 楽天的な虎 | → | 58ページへ |
| 55 | パワフルな虎 | → | 58ページへ |
| 56 | 気どらない黒ひょう | → | 40ページへ |
| 57 | 感情的なライオン | → | 50ページへ |
| 58 | 傷つきやすいライオン | → | 50ページへ |
| 59 | 束縛を嫌う黒ひょう | → | 40ページへ |
| 60 | 慈悲深い虎 | → | 58ページへ |

おはなし

# 杉の木の両親と松のこども

私は、幼稚園、保育園や学校関係などで、子育て支援の講演をすることも多いのですが、そんなときはいつもこの物語、「杉の木の両親と松のこども」の話をさせていただきます。個性を伸ばす教育が求められている今、すべての親が考えなければいけない大切なメッセージが含まれた、そんなおはなしなのです。

　昔々あるところに、杉の木の夫婦が住んでいました。同じ杉の木ですから、価値観も行動パターンも同じ。友だちのように仲のよい夫婦でした。

　あるとき、この夫婦に待望の子どもが宿りました。夫婦は、これから生まれてくる子どものことを考えると嬉しさでいっぱいです。「せめて五体満足で生まれてきてくれさえすれば、それだけで幸せ」と神様にお祈りする毎日を過ごし、無事に丸々と太ったかわいらしい男の子が生まれました。

　しかし、個性は遺伝しませんので、生まれてきた子どもは松の木でした…。「個性」が強く出ない赤ちゃんの頃はよかったのですが、成長するにしたがい、両親の期待は裏切られることになります。杉の木の両親は、「木はまっすぐに空に向かって伸びるもの」と信じていましたが、松であるわが子はくねくねと曲がりくねって、

横に枝を伸ばして成長していったのです。

　このままではいけないと感じた両親は、何度も話し合ってある決断をしました。夜、松の子どもがすやすやと寝息を立てて眠っている間に、横に伸びた枝をすべて切り落としてしまったのです。

「お父さん、お母さん、痛いよ～！」「僕が何か悪いことをしたの？」「どうして僕を傷つけるの？」と子どもは叫びます。しかし、杉の木の両親は、松の子どもの言葉に耳を貸そうとはしません。「これが、親の愛情だ」「大人になったらきっとわかるわ」。

　枝をすべて切り落とされてしまった松の子どもは、成長の芽も、可能性の芽も全部一緒に切り落とされてしまい、小さく萎縮してしまいました。その後も枝を切り続けられて育ったその子どもは、個性を否定され、自信を失った大人になってしまいました。

日本中で、世界中で、この物語と同じ悲劇が繰り返されています。大切なわが子に、あなたは何を望みますか？

　子どもに本当に幸せになってもらいたいのであれば、個性の押し付けや価値観の押し付けよりも、温かく見守ってあげる子育てが、今こそ大切なのではないでしょうか？

個性心理學研究所 所長　弦本將裕

## ★おわりに★

日本中には、あらゆる学問を教えてくれる学校や専門学校がありますが、「子育て」を教えてくれる学校はありません。政府も学校も「子どもの個性を伸ばそう」「個性的な教育をしよう」などと言葉では言いますが、では「どうしたらいいのか?」という答えは一切ありません。育児書コーナーを眺めても、個性の違いについて書かれた本は見あたりません。

「個性」は、一人ひとり明らかに違います。その個性の違いを認めて、違いに合わせた子育てや教育をしない限り、個性を伸ばすことも個性的に育てることも難しいのではないでしょうか?　この一人ひとりの「個性」をしっかりと見つめたのが、この本『こどもキャラナビ』なのです。

親にとって子育ては、まさに「不安と悩み」の連続。さらに、仕事・家事・地域社会や友人との付き合い・趣味などなど、子育てだけに専念することもなかなかできません。ママにとっても、パパにとっても、子育ては決して楽しいだけのものではないのです。でも、……本当に、子育ては辛くて苦しいものなのでしょうか?　宇宙の神秘により授かった赤ちゃんはかけがえのない宝物ですし、子どもの笑顔に勝るプレゼントはありません。私たち親も、本能的に子育ての喜びを知っているはずです。

ぜひ、『こどもキャラナビ』で子育てを楽しんで下さい。きっと個性の違いが楽しく思えるようになりますし、これまでのストレスが嘘のように消えてラクになるでしょう。パパ・ママで一緒に読んでください!　まわりの人たちとキャラを調べ合って、ワイワイ盛り上がってください!　『こどもキャラナビ』は、「個性」を楽しみながら人と人をつなげていく、コミュニケーションツールなのですから。

1997年に、「人間の個性を12の動物キャラクター」に当てはめて個性分析をする、【個性心理學】を体系化して早10年がたちました。いまや世界10カ国の人々に愛されるまでになった個性心理學を、いま一番お伝えしたい分野が教育と医療です。そんな分野で活躍する、私の敬愛する素晴らしい師であり友人でもある4人のキーパーソンを紹介しましょう。

まず、池川クリニック(横浜市)の院長、池川明先生。先生は話題の【胎内記憶】で国内外のメディアからも注目を集めている産婦人科医で、日本全国の講演でも高い人気を誇ります。『赤ちゃんと話そう!　生まれる前からの子育て』(学陽書房)や『おぼえているよ。ママのおなかにいたときのこと』(リヨン社)など、著書も多数。池川先生のキャラは「まっしぐらに突き進むゾウ」です!

次に、現代幼児教育の第一人者でカリスマ園長としても有名なのが、せいがの森保育園（新宿区、八王子市）の藤森平司先生。「質の高い保育」をいつも問い続け、ドイツやスウェーデンなど諸外国への視察経験なども生かして「いま、子どもたちに必要な保育と環境」を熱く語る先生です。信奉者の多い藤森先生のキャラは、「人気者のゾウ」!

続いて、ユーディーコーポレーションの岡本敏秀社長。「産婦人科.com」や「産婦人科.TV」などの超人気サイトを運営するWebビジネスを展開するかたわら、エンジェル・エイドという子育て支援プロジェクトを大きく展開しています。かつてはミュージシャンでありカーレーサーでもあった岡本氏は、いま日本で一番熱く子育てを語るユニークな「オヤジ」。キャラは「慈悲深い虎」です。

そして、つみき会の三好達雄理事長。三好氏は、全国保育支援協業組合の理事長として、積極的に保育園・幼稚園・小学校などに個性心理學の講演会を企画して人気を博しています。そこから広がった縁で、大勢の園長先生や先生方が、教育現場で個性心理學を有効活用しています。キャラは「チャレンジ精神旺盛なひつじ」です。

最後に。この本を手に取ってくださったお母さんやお父さん、ぜひご家族で一緒に『こどもキャラナビ』をお楽しみください!　本当にありがとうございました。

個性心理學研究所
所長　弦本將裕

## ★プロフィール★

個性心理學研究所 所長　弦《つる》本《もと》將《まさ》裕《ひろ》(磨き上げられたたぬき)

1957年生まれ。学習院大学法学部卒業。（株）アットマーク・ノア代表取締役。『動物キャラナビ』シリーズ（日本文芸社）、『ラブナビ』（集英社）、『個性心理學』（河出書房新社）など、キャラナビ、個性心理學に関する著書は20冊を超える。講演活動のため、日本各地や海外を飛び回りながら、企業や病院などでの個性心理學の指導も行っている。

### キャラナビ・子育て　関連WEB

| | |
|---|---|
| 個性心理學研究所 | http://www.noa-group.co.jp |
| こどもキャラナビ | http://kodomo.charanavi.jp |
| 産婦人科デビュー.com | http://www.sanfujinka-debut.com |

イラスト
友永たろ(協調性のないひつじ)
★
デザイン
波多野文子(夢とロマンの子守熊)、山中由美子(正直なこじか)
★
企画・編集
山岡勇治(波乱に満ちたペガサス)

こどもキャラナビ

2007年3月15日　初版第1刷発行

著　　者　弦本將裕
発 行 人　小林公成
発　　行　株式会社世界文化社
〒102-8187　東京都千代田区九段北4-2-29
電　　話　03(3262)5115（在庫についてのお問い合わせ：販売本部）
03(3262)5121（内容についてのお問い合わせ：編集部）
印刷・製本　図書印刷株式会社


ISBN978-4-418-07404-4　　定価はカバーに表示してあります。